健体强心 融美育德
——面向健康中国2030的高校体育改革探索

程 灵 王 颖 ｜著

人民日报出版社
北 京

图书在版编目（CIP）数据

健体强心　融美育德：面向健康中国 2030 的高校体育改革探索 ／程灵，王颖著 . —北京：人民日报出版社，2021. 11

ISBN 978－7－5115－7119－9

Ⅰ.①健… Ⅱ.①程… ②王… Ⅲ.①高等学校—体育—教育改革—研究—中国 Ⅳ.①G807.4

中国版本图书馆 CIP 数据核字（2021）第 172278 号

书　　　名：健体强心　融美育德：面向健康中国 2030 的高校体育改革探索
　　　　　　JIANTI QIANGXIN　RONGMEI YUDE：MIANXIANG JIANKANG ZHONGGUO DE 2030 GAOXIAO TIYU GAIGE TANSUO

作　　　者：程　灵　王　颖

出 版 人：刘华新
责任编辑：宋　娜
封面设计：中联华文

出版发行：人民日报出版社

社　　　址：北京金台西路 2 号
邮政编码：100733
发行热线：（010）65369509　65369846　65363528　65369512
邮购热线：（010）65369530　65363527
编辑热线：（010）65363530
网　　　址：www. peopledailypress. com
经　　　销：新华书店
印　　　刷：三河市华东印刷有限公司
法律顾问：北京科宇律师事务所　　（010）83622312

开　　　本：710mm×1000mm　1/16
字　　　数：129 千字
印　　　张：12.5
版次印次：2022 年 3 月第 1 版　　2022 年 3 月第 1 次印刷

书　　　号：ISBN 978－7－5115－7119－9
定　　　价：85.00 元

前 言

在 2018 年全国教育大会上，习近平总书记强调，以凝聚人心、完善人格、开发人力、培育人才、造福人民为工作目标，培养德智体美劳全面发展的社会主义建设者和接班人。习近平总书记指出，要"努力构建德智体美劳全面培养的教育体系"，"帮助学生在体育锻炼中享受乐趣、增强体质、健全人格、锤炼意志"，进一步明确了学校体育在促进全员健康、全面发展中的重要地位。

福建江夏学院始终坚持以立德树人为根本，促进学生全面发展。学校体育在健康优先原则指导下，从硬性的体能达标向以人为本的健康关怀转变，突破学科界线，打破单纯的运动技术传授模式，开启了身心健康融合式体育教学、体医融合教学、体育与信息化技术融合等跨界协作的新模式，逐渐形成了一套体育与思政、体育与心理学、体育与美学、体育与信息技术等多学科融合的，以全员健康、全面发展为目标的学校体育工作体系。近年来，学校体育教学改革两次获校级教学成果特等奖，建成了优秀教学团队，并获批两门省级一流课程。"面向健康中国 2030 的高校体育改革研究"课题入选全国教育科学"十三五"规划，申报 2018 年度教育部重点课题并立项（课题批准号：DLA18405）。2019 年，课题组成员编写的《融合式体育课程的创意与实践》一书由人民体育出版社出版。2020 年，课题组成员将多年探索体育融合美育、渗透德育的实践经验总结提升，形成本书。

全书从《"健康中国 2030"规划纲要》的核心思想与战略主题入手，分三章依次阐述新时代高校体育在健康促进、融合美育和渗透德育方面的改革创新，特别是围绕课堂教学、大众体育、竞技体育、运动场馆建设等高校体育工作的不同侧重点，提供丰富的第一手案例。全书既有理论研究，更重实践探索；既从学科关系上去分析论证，更重具体操作中的有机融合。本书各章节的作者分别为：前言，程灵；第一章第一节，程灵、王颖；第一章第二节，程灵、邹小江；第一章第三节，程灵、许金富；第二章第一节，王颖、林东序；第二章第二节，陈秀琴、夏博雯；第二章第三节，王颖、林东序；第三章第一节，刘志勇；第三章第二节，江武贵、叶宋忠；第三章第三节，陈亨明、江晓敏、林永春。

值得强调的是，本书既是具体分工撰写的成果，更是集体智慧的结晶。在实践探索和书稿撰写过程中，我们大量阅读和研究了我国高等体育教育的新方法新思路，尽可能在教学改革新成果的展示过程中体现体育工作新理念新理论，希望对高校体育改革起到抛砖引玉的作用。由于水平有限，难免有思考不成熟和探索不充分之处，望读者不吝指正。在此，特别向本书中所引用文献的作者以及给予我们帮助的人民日报出版社编辑表示衷心感谢！

程 灵

2022 年 1 月

目　录
CONTENTS

第一章　健康中国目标下高校体育身心融合的实践意义

进入 21 世纪，中华民族迈向了伟大复兴的新征途，建设富强民主文明和谐的社会主义现代化强国是中华民族的伟大梦想。健康关系民族昌盛、国家繁荣，是实现伟大梦想的重要基石，只有筑牢人民健康的基石，才有能力完成民族复兴的大业。为了更好地应对民族亚健康的挑战，2016 年中共中央、国务院印发了《"健康中国 2030"规划纲要》（以下简称《纲要》），从国家战略层面统筹解决关系健康的一系列重大和长远问题，确保全民健康事业顺利推进。

《纲要》主要内容和目标体系与体育教育工作紧密关联，特别是《纲要》中涉及的青少年体质健康指标、体育人口指标、健康知识宣传以及群众体育开展等若干指标，均是学校体育学科涉及的内容，也是学校体育教育通过努力可以改善和逐步提升的目标。作为面向青少年健康素养与素质教育的体育学科，其教学质量和身心融合协同发展的成效可促进青少年的健康，直接影响健康中国目标的实践。

　　学校体育任重而道远，在促进健康方面尤其重要，每年千百万的大学毕业生走向社会，他们的健康习惯、健康水平在社会健康文明程度中占很大的比例。为此，在践行健康中国战略的指导下，高校体育教学改革应起到示范作用，不仅需要完成运动技术和技能的教学任务，更要承担起健康促进工作，扭转青少年体质下降趋势，促进青少年身心健康协同发展。为此，我们要有意识地引导教师将《纲要》指标作为学校体育教学的指导思想，以推进体育健康促进为己任，扩大参加体育锻炼人数、增强学生身心健康素养为工作目标。只有这样，我们才能不负国家期望，做健康中国推动者，培养出德智体美劳全面发展的接班人。

第一节　健康概念及《"健康中国 2030"规划纲要》精神

　　健康是人类社会重要的话题，社会发展的不同阶段对健康的定义和标准也不尽相同，健康的内涵随着社会政治、经济、文化、制度等的发展而发展。本节主要介绍世界卫生组织（WHO）和国内学界对健康的定义、制定的相关标准以及发展概况，解读

《纲要》下未来 15 年国家整体健康发展水平所要达到的高度和要求。

一、健康概念的演变

世界卫生组织成立之前，健康通常被定义为"机体处于正常运作状态，没有疾病"。传统的健康概念中，无病即为健康。

1948 年世界卫生组织成立时，在它的宪章中提到了健康新概念："健康乃是一种在身体上、心理上和社会上的完满状态，而不仅仅是没有疾病和虚弱的状态"。世界卫生组织关于健康的这一定义，把人的健康从生物学的意义，扩展到了精神和社会关系（社会相互影响的质量）两个方面的健康状态，把人的身心、家庭和社会生活的健康状态均包括在内。

1989 年，世界卫生组织再一次深化健康概念，"健康不仅是没有疾病，而且包括躯体健康、心理健康、社会适应良好和道德健康"，提出"健康需要有一个积极向上的心态，符合社会主流道德观"，这标志着人们对于健康的认知已经提升到了新的层次。目前，世界各国学者公认它是一个全面的、明确的、广泛使用的、科学的健康概念。

（一）世界卫生组织认定的身体健康的特征

（1）具有充沛的精力与良好的体能，可以全身心投入繁忙的日常工作中并保证较高的工作质量。

（2）处事乐观，态度积极，勇于承担责任，不挑剔所要做的

3

事。以平常心和责任感对待工作，对于工作不挑剔，遇到困难始终保持开朗乐观，并且能够大胆勇敢地承担责任，不计较得失。

（3）善于休息，睡眠良好。强调养成科学的生活习惯的重要性，有能力合理安排个人的作息时间，确保睡眠质量良好。

（4）身体应变能力强，能适应外界环境变化。有较强的应变外界变化的能力，能够积极主动适应不同环境对工作和生活等带来的影响。

（5）能抵抗一般性感冒和传染病。身强体壮，通过锻炼使机体有较好的免疫力，有能够应对疾病的抵抗力，对于一般性感冒和传染病等具有较好的免疫功能。

（6）体重适当，身体匀称，站立时头、肩、臂位置协调。拥有较标准的身材和正确的立、行、卧的体态姿势，从事运动时，身体各部位能够保持协调。

（7）眼睛明亮，反应敏捷，眼和眼睑不发炎。眼睛是人体重要器官，确保眼部卫生良好，视力正常，观察力强，反应灵敏。

（8）牙齿清洁，无龋齿，不疼痛，牙龈颜色正常且无出血现象。注重口腔卫生，牙齿洁白，未出现牙齿疼痛、龋洞、口腔异味、出血等症状。

（9）头发有光泽，无头屑。

（10）肌肉匀称，皮肤富有弹性。

（二）世界卫生组织心理健康的标志

（1）有良好的自我意识，能做到自知自觉，既对自己的优点和长处感到欣慰，保持自尊、自信，又不因自己的缺点感到沮丧。正确对待自己的优缺点，能够准确认清自我，行为处事保持自信。

（2）坦然面对现实，既有高于现实的理想，又能正确对待生活中的挫折，做到"胜不骄，败不馁"。在现实生活中努力做到既拥有对未来的美好憧憬，又能够勇敢面对现实生活中的困难和挫折，"一如既往，荣辱不惊"。

（3）保持正常的人际关系，能承认别人，约束自己；能接纳别人，包括别人的短处。在与人相处中，尊重多于嫉妒，信任多于怀疑，喜爱多于憎恶。拥有较强的人际交往能力，懂得欣赏别人的优点，包容别人的缺点。在与他人相处过程中，懂得尊重他人、信任他人。

（4）有较强的情绪控制力，能保持情绪稳定、心理平衡，对外界的刺激反应适度，行为协调。能够较好地控制自己的情绪，始终保持稳定的情绪和健康的心理，对外界事物的刺激，能够做到反应得当，行为举止沉稳协调。

（5）处事乐观，满怀希望，始终保持一种积极向上的进取态度。

（6）珍惜生命，热爱生活。在健康的成长道路上保持一定的方向，为一定的目的而生活，有一种主要的愿望。在成长中能始终保持健康乐观，对生活拥有一定的憧憬和美好的目标。

（三）国内关于健康的定义

国内对健康的定义也在不断演变发展。《辞海》中关于"健康"的概念是："人体各器官系统发育良好、功能正常、体质健壮、精力充沛并具有良好劳动健康效能的状态。通常用人体测量、体格检查和各种生理指标来衡量"。这是早期国内比较权威的关于健康的定义，这种提法要比民间传统的"健康就是没有病"的说法规范完善了许多。但该定义将人当作为生物有机体而不是当作社会人来对待，缺少心理和品德的考察，与世界卫生组织的健康定义比较，其内涵还不够全面与完整。

当代国内宽泛的现代健康观点，主要内容除了医院仪器设备所检测的正常指标外，同时也指个人生理及心理等方面的良好状态，这是现代社会针对健康方面形成的较为科学的理念。这些定义不仅关注生理、心理等方面的健康，更关注心理健康与身体健康二者之间相互影响和促进的关系，强调拥有良好心理健康水平则可以保证人的意识处于良好的状态。

国内关于健康还有一种阶段观点，即从人的生长阶段看待健康：青少年时期，生机勃勃、蒸蒸日上即为健康；成年时期，脏腑功能正常运转，心态平和、精力旺盛即为健康；老年时期，能正常生活起居、怡情悦志、谦让平和即为健康。

综上所述，健康概念几十年来不断更新，其维度随着人类社会发展而逐渐扩大。健康体系已经涉及"全人"概念，成为人的生命质量的一个综合评价体系，无论是世界卫生组织还是国内关于健康的常见观点，多包含身体、心理、品德、能力等要素。

二、不同时期国家战略在促进人民健康的工作中发挥引领作用

国家制度和政策是人民健康的重要保障。从我国健康发展的历史来看，新中国成立初期，在一穷二白的情况下，解决温饱问题是人们获得健康的最基本条件之一。为了解决温饱问题，1950年国家颁布了《中华人民共和国土地改革法》，开展土地改革运动，同时在城市打响与投机资本家的"银元之战"和"米棉之战"，国家快速恢复国民经济发展能力，确保了人民的温饱需求。除此之外，当时由于社会整体卫生水平低下，疫病流行，卫生环境成为影响健康的另一基本因素。1960年党中央发出关于卫生工作的指示，在全国范围内持续性地掀起了以消灭病疫虫害为主要目标的"爱国卫生运动"。解决温饱问题和创建卫生环境问题，为当时确保人民健康提供了重要保障。新中国成立初期，虽然体育与健康的促进关系也是国家着力强调的方面，但当时增强体质的目的多与国防军事联系，体育锻炼的口号是"发展体育运动，增强人民体质，提高警惕，保卫祖国"。军事体育贯穿各级各类学校教育体系中，体育为国防军事服务的重要性超越了体育促进健康发展的意义。

1984年《中共中央关于进一步发展体育运动的通知》指出在20世纪内地我国建设成体育强国。改革开放以来，在经济快速发展的大变革中，我国人民生活水平和生活方式发生巨大变化，人们解决了温饱问题，开始追求更为富裕的物质生活，由此而引发

的健康问题逐渐引起社会关注。这主要表现在物质生活水平提高，人们甚至出现了营养过剩的情况；同时，汽车替代自行车和步行，越来越多的家用电器替代了家庭劳动，劳动力获得自由和解放，肢体劳动强度大幅下降。营养过剩加上久坐少动，成为威胁现代人健康的两大因素。

国民体质监测数据表明，改革开放以来与经济各项指标快速上升相悖而驰的是国民体质呈下降趋势，青少年体质持续 30 年呈现下降趋势。最为明显的健康问题是我国肥胖人数快速增多。根据国家统计局和国家卫生和计划生育委员会的数据显示，2015 年中国肥胖人数绝对值成为世界第一，其中，从 1992 年开始，200—300 斤的超重人群比例 20 年间从 13% 上升到 30%，特别值得关注的是儿童和青少年的肥胖率在快速增加。

除了体质下降之外，人们也打破了原来以"温饱"为目标的简单生活。对物质的追求使得人的欲望和心理活动的复杂性大幅增加，大众心理健康问题逐渐突显，失眠、抑郁、孤僻症等也成为威胁健康的重要因素。

国民健康问题引起了国家和社会的广泛关注，在理论研究领域近十多年持续引发热议。为了扭转国民身心健康下降的趋势，国务院办公厅于 1995 年颁布实施《全民健身计划纲要》。此纲要是 20 世纪末和 21 世纪初为运用体育扭转国民亚健康而制定的，成为发展全民健身事业的纲领性文件。这是社会体育事业与大众健康紧密相连的重大决策。该纲要掀起了体育运动热潮，也使得体育锻炼促进身心健康的理念得到极大宣扬。

2016 年中共中央国务院印发《"健康中国 2030"规划纲要》，从各方面阐述健康指标，明确社会健康的措施和实施步骤，规划并进一步确立体育促进健康的关系。

2020 年党的十九届五中全会报告明确指出，到 2035 年要把我国建成文化强国、教育强国、人才强国、体育强国、健康中国，进一步为国家发展指明方向，为国民行动保驾护航。

三、《"健康中国 2030"规划纲要》的内容及思想

《纲要》是我国积极参与全球健康治理，履行 2030 年可持续发展议程国际承诺的重大举措，是推进健康中国建设的宏伟蓝图和行动纲领。《纲要》共分八篇二十九章，从总体战略、普及健康生活、优化健康服务、完善健康保障、建设健康环境、发展健康产业、健全支撑与保障、强化组织实施等方面阐述健康中国的整体构思。《纲要》的指导思想、战略主题以及体育健康内容是学校体育身心健康融合式教学的指导思想和行动指南。

（一）《纲要》提出指导思想的四项原则

一是健康优先。把健康摆在优先发展的战略地位，加快形成有利于健康的生活方式、生态环境和经济社会的发展模式。确定健康中国建设的地位问题，当健康领域建设与其他行业建设在发展过程中出现矛盾时，"健康优先"为建设提供政策保障，各行各业在发展中必须将健康理念融合其中，协调发展。

二是改革创新，在健康社会建设中冲破思想观念束缚，破除

利益固化藩篱，清除体制机制障碍，形成具有中国特色、促进全民健康的制度体系。《纲要》以改革创新为主导，力求解放思想，拓宽思路，在健康规划实施过程中积极借用科技和信息化支撑，构建创新型社会健康工作。改革创新原则对健康研究与实践工作提出高要求，必须不断进行新突破，达到新水平。

三是科学发展。坚持预防为主、防治结合、中西医并重，转变服务模式，提高医疗服务水平。在健康建设领域中，人类与疾病较量的最有力武器是科学技术。

四是公平公正。以农村和基层为重点，推动健康领域基本公共服务均等化，实现全民健康覆盖。

（二）"共建共享，全民健康"作为《纲要》的战略主题，旨在将健康融入政策

"共建共享"是健康中国的路径，"全民健康"是健康中国的目的。文件要求形成多层次、多元化的社会共治格局。要求卫生、体育等行业要主动适应人民健康需求，深化体制机制改革，满足人民群众不断增长的健康需求。形成人人参与、人人尽力、人人享有的全民大动员。

（三）《纲要》核心思想及其定义

《纲要》的核心思想是以提高人民健康水平为核心，以体制机制改革创新为动力，以普及健康生活、优化健康服务、完善健康保障、建设健康环境、发展健康产业为重点，把健康融入政

策，加快转变健康领域发展方式，全方位、全周期维护和保障人民健康，大幅提高健康水平，显著改善健康公平。2030 年达到人人参与健康工程、人人享受健康保障，人人提升健康标准，使健康生活成为公民基本满足的社会福利，实现健康中国。为实现"第二个一百年"奋斗目标和中华民族伟大复兴的中国梦提供坚实健康基础。

（四）《纲要》与体育教育密切相关的目标

《纲要》与体育教育密切联系的目标可以概括为"四个要点"和"四项目标"。四个要点是：（1）统筹建设全民健身公共设施；（2）大力发展群众喜闻乐见的运动项目，鼓励开发适合不同人群、不同地域特点的特色运动项目，扶持推广太极拳、健身气功等民族民俗民间传统运动项目；（3）推动形成体医结合的疾病管理与健康服务模式，发挥全民科学健身的健康促进作用；（4）实施青少年体育活动促进计划，培育青少年体育爱好，基本实现青少年熟练掌握 1 项以上体育运动技能，确保学生校内每天体育活动时间不少于 1 小时。四项目标是：（1）人民身体素质明显增强，2030 年人均预期寿命达到 79.0 岁，人均健康预期寿命显著提高；（2）经常参加体育锻炼人数 2015 年达到 3.6 亿；2020 年达到 4.35 亿；2030 年达到 5.3 亿；（3）到 2030 年，学校体育场地设施与器材配置达标率达到 100%，青少年学生每周参与体育活动达到中等强度 3 次以上，国家学生体质健康标准达标优秀率 25%以上；（4）医学、药学、膳食、卫生、体育等面对慢性病预防和康复等要发挥积极作用。

第二节　面向健康中国的高校体育改革

一、学校体育发展历史回溯

不忘本源，才可以更好地开辟未来。新中国成立以来的学校体育发展，不仅是构建我国学校体育事业的基本要求，而且也是梳理新中国教育事业的历史经验，为建设教育强国、体育强国和健康中国添砖加瓦，为丰富学校体育研究，加强学校体育建设和改革提供思路。

学校体育一直以来都是学校教育的重要内容。1904 年，清朝政府颁布了《奏定学堂章程》。作为近代中国第一个教育法令，其将"体操课"正式引入我国学校教育体系，并确立了该课程的基本功能和主要内容。至今，我国学校体育已有近 120 年的发展历史。在这百年历程中，1949 年以来的学校体育在新中国的教育历史中有着举足轻重的地位和价值，对于推进我国体育事业的发展，特别是培养竞技体育人才有着重要作用。

我国学校体育历史发展的主要节点包括了新中国成立、教育革命以及扬州会议的召开等，在文件的颁布上包括了《国务院关于基础教育改革与发展的决定》。

1949 年 10 月到党的十一届三中全会前，是新中国学校体育事业的发轫期，在这一阶段中，我国主要是通过与苏联的联系，学习苏联的教学理论和教学方法，建立起了我国学校体育制度的基本框架，并且逐步开始探索和实践适合我国国情的社会化教育体系和本土化道路。然而，1958—1976 年期间，由于受到"左"的思潮干扰和"文化大革命"的破坏，高校体育基本处于停滞状态，出现了学校体育文化、人才和教师队伍的断层，高校体育陷入本质扭曲、地位边缘、学生体质下降等困境，使我国学校体育发展受到重创。

党的十一届三中全会是我国改革开放的重要起点，更是我国教育发展的里程碑。自此，我国体育教育的方式开启了学校体育的多元探索，提升了体育工作的规范化水平并积累了富有特色的本土经验。

（一）新中国学校体育的起步

中华人民共和国成立标志着我国学校体育发展掀开了新篇章。从学校体育发展的历程来看，我国的学校体育工作自新中国成立以后，逐渐经历了三个阶段，第一个是"改造"，第二个是"继承"，第三个是"借鉴"。其中，"改造"就是对新中国成立前学校体育的指导思想和教学模式、教学方法体系进行系统梳理和变革，特别是对实用主义思想和自然主义思想进行了批判和反思，对这种思想引导的教育教学改革进行了改变。而"继承"就是对原来学校体育经验进行了承接，对这些教学模式和教学思想进行统筹安排。"借鉴"就是对苏联的诸多教学教育思想、教学模式、教育理论、教学方法进行学习和借鉴，包括后来的"三基主义"。这主要是因为当时我国在学校体育教学方法上还缺乏相应的经验，在教育理论和教育思想方法上存在诸多不足，而借鉴就成了这一时期我国进行教学的主要手段，是我国发展体育事业的最主要方法。也是这一时期，我国形成了劳卫制、中小学体育教学大纲、"三中心"模式，这些都对我国学校体育的发展产生了深远的影响。虽然在改造、继承、借鉴的过程中，我国学校体育自身的独特性还不够鲜明，而且在此时期，我国对一些教育思想和教育方法进行的批评也有失公平，但必须要承认的是，正因为这些批判和反思，使新中国成立后的各项体育工作取得了较大的进步，实现了社会主义体育事业零的突破，帮助我国确立了基本的学校体育规制和范式。

新中国成立后，青少年的健康问题始终是党和政府关心的大事。毛泽东 1950 年和 1951 年两次在给时任教育部长马叙伦的信中，做出"健康第一"的指示，并多次强调体育于健康的重要性，而且将身体好、学校好、工作好作为"三好"学生的主要考核标准。因为毛泽东的批示，教育部和国家体育运动委员会根据高校体育发展的实际情况出台了相关规定和计划，致力于转变学生体质健康下降的态势。比如政务院于 1951 年发布的《关于改善各级学校学生健康状况的决定》，对改进我国学校体育教学和充实各项设施设备等提出要求；1952 年，教育部和国家体育委员会联合颁布《学校体育工作暂行规定》，并且设立了体育处。从众多发展经验来看，健康第一目标的实现，需要体育教育的介入和调控，为学生的体育运动技能提供基础。教育部等国家相关部委在对学校体育教学和学校体育设施进行了明确要求后，又对我国学校体育的基本目标进行了确定。1952 年，教育部颁布了《各级各类学校教育计划》，规定从小学一年级到大学二年级，所有学校都必须开设体育课，在这一阶段，体育课是所有学生的必修课。1956 年，高等教育部与国家体委等部门联合下发《关于加强领导进一步开展一般高等学校体育运动的联合指示》，对我国高等教育提出明确要求，特别是对体育教育在高等教育中的任务进行了指导，为我国高等体育教育奠定了基础。

为了更加深入地对我国学校体育制度进行改革，建立适合我国学校体育发展的学校体育制度，教育部于 1953 年组织专人对苏联十年制的学校体育大纲进行了翻译和编写。1956 年，教育部正式公布了我国第一套中小学体育教学大纲——《小学体育教学大纲（草案）》《中学体育教学大纲（草案）》，同时，还针对我国高等教育发布了《高等学校普通体育课教学大纲》。这些体育教学大纲的出台，为我国从小学到大学的体育教学构建了制度规范，为开展学校体育提供了参考标准，为我国开展学校体育奠定了发展基础。为了让广大教师群体更加深入了解各项教学大纲和教学内容，1957 年人民教育出版社出版了与教材配套的中学和小学教师参考用书。在对苏联相关学制进行翻译、研究的同时，我国还对相关教育理论进行了引介，其中包括凯洛夫和凯里舍夫等人的教育思想，并根据这些学者的思想确立了我国学校体育的基本教学规范、教学模式和教学方法。这也是新中国成立后，我国学校体育发展的初步探索。

（二）20 世纪 60——70 年代，我国学校体育的曲折发展

20 世纪 50 年代末期，我国在学习苏联的基础上，已经形成了较为规范的学校体育教学思想和教学模式，但是，随着中国和苏联关系的恶化，以及苏联教育教学思想弊端的暴露，产生了诸多问题。比如教学活力，教师为主、学生为辅，失去了教学本来的意义。为此，党和国家开始对相关的教学模式进行思考，要求各级教育行政部门组织专人对问题进行系统总结，对相关理论和教学方法进行批判和反思，并要求进一步创新。而这也可称为我国学校体育发展探索本土、寻求适合我国国情发展的学校体育教育发展之路。只不过这一本土化探索路途并不顺利，甚至出现了许多波折。1958 年"大跃进"开始，包括学校体育在内的各项事业都受到不同程度的影响，导致各级各类学校甚至出现停工停学的情况。在"大跃进"运动推动下，国家体育运动委员会于 1958 年颁布《体育运动十年发展纲要》，提出要以大量广泛开展运动为基础，努力加速提高我国运动健儿的各项运动技术水平，争取在 10 年甚至更短的时间内，在主要的运动项目上，赶上和超过世界水平，并要求力争使"4000 万人达到劳卫制标准"，有"5000 个运动健将"。在《1958—1959 学年度中学教学计划》中，教育部还规定了初中和高中的各个年级，每个学年都必须有半个月到一个月的体力劳动时间。这些要求导致我国 20 世纪 50 年代的体

育教学出现了注重单项训练的现象，甚至以军事体育和劳动体育代替体育课的现象。这不仅破坏了我国学校体育的制度规范，还对学校体育的教学秩序造成了干扰，甚至背离了学校体育发展的科学性，使学校体育教育受到一定程度的影响和破坏。

上述现象直到 1961 年才有所改善，这一年，党中央确立了"调整、巩固、充实、提高"方针，要求对"大跃进"期间的诸多教育事项进行调整，肃清异化，清晰认识自身的不足，并对未来的发展做出科学的评判。在这一时期我国学校体育教育虽然受到诸多影响和破坏，但也取得了一些成绩，特别是为探索我国学校体育发展提供了实践经验和本土情景。

1. 为我国大学—中学—小学的体育课规范提供了制度基础

《高等学校普通体育课教材纲要》在 1961 年得到了制定。为了帮助教师更好地理解教材，教育部编写了高等学校普通体育课教师教学用书，对我国高等学校体育教学做出了统一要求，提出了相应的标准和规范。随后，教育部又在 1963 年实行发布了《关于实行全日制中小学新教学计划（草案）的通知》，从中小学体育课的学年总课时、学期总课时和每周的课时等方面对中小学提出了明确要求，为促进我国中小学体育教学规范发展提供了良好的制度基础和保障。

2. 为我国学校体育发展提供了学理基础

20 世纪 50 年代，因受苏联体育教育理论影响，我国体育教学指导思想形成了以体育技能传授为主的"三基"教育观，并初步形成了我国社会主义制度下的中小学体育课程制度。在这一时期，教育部先后颁布了《小学体育教材》和《中学体育教材》，这些教材是相互衔接和连贯的，是具有教学性质的十年制要求。其中增强学生体质的课程目标以及将武术运动纳入教学范畴等创新之举，是我国自主创新的第一步，标志着我国中小学体育课程正式脱离苏联的限制与束缚，是新中国成立后的第一代学校体育课程，为后续我国学校体育的发展提供了必要的学理基础。

3. 在我国学校体育的发展格局中初步建立了"课、操、活动"为中心的教学形式

1964 年国务院批转了教育部、卫生部、国家体委《关于中、小学生的健康状况和改进学校体育、卫生工作的报告》。报告提出学校体育要"上好每周两节课""坚持做早操和课间操""安排好每周两次课外体育活动"。我国学校体育的教学模式初步形成。

4. 20 世纪 70 年代末，在改革开放的背景下，形成了以增强学生体质为主的"体质论"，至 80 年代"三维体育观"的形成，表明我国体育教学指导思想一直处于阶段性变化中，具有明显的受社会影响性。

1973 年，中国中学生体育协会成立，并在 1973 年举办了第一届全国中学生运动会。在准备举办全国中学生体育运动会之前，召开了全国青少年业余体育学校工作座谈会，对业余体育学校的发展和未来进程做出了专门的部署和要求。在座谈会提出要力争办好业余体校，并通过业余体校的发展来带动业余运动员的培养，为我国体育事业的发展提供人才支撑。对于大学生，我国早在 1954 年就已经颁布了相关条例，如《关于在中等以上

学校中开展群众性体育运动的联合指示》，就对中等以上学校举办体育竞赛活动提出了相关要求，并提出要组织开展运动训练等，以帮助实现我国体育运动的普及与提高，为1959年的第一届全国体育运动会的召开提供组织基础和制度保障。为参加第一届全国运动会，许多高校都十分重视体育人才的选拔与培养，将体育比赛当作日常教学的一项重点工作来抓，并为我国培养出了一批具有国际水准的竞技运动员。而且，从该届运动会中脱颖而出的部分优秀运动员也因此通过大学的单招，进入高等学校学习与深造，这又反过来推动了高校的训练与竞技水平的进一步发展。

（三）20世纪80年代，体育教育创建本土化的意识与探索

1978年党的十一届三中全会的召开以后，我国学校体育各项发展都呈现出全新的气象，不管是教学方式还是教学模式，都出现了较大的革新。从全局来看，我国学校体育的发展先后经历了恢复、快速、高速三个阶段。与前一个时期相比，这一时期我国学校体育的发展主要注重本土化理论与实践，国际借鉴、学校体育的法制化和规范化发展。

1. 学校体育明确了发展方向

1958—1976年期间，由于受到"左"的思潮干扰和"文化大革命"的破坏，高校体育基本处于停滞状态，出现了学校体育文化、人才和教师队伍的断层，以致高校体育陷入本质扭曲、地位边缘、学生体质下降等诸多困境。为此，以徐英超为代表的老一

辈教育工作者为了扭转学校德育破坏、智育毁灭和体育取消的负面影响，号召全国学习扬州优秀典型、为四个现代化建设做出贡献。1979 年，举办了全国学校体育卫生工作经验交流会。会上，教育部和国家体委联合下发《高等学校体育工作暂行规定》，指出当下高等学校体育工作的本质是紧扣增强体质和道德教育，并对学校体育的内容、目标和成绩评定做了明确规定。该会议确立了学校体育的重要地位，加强了学校体育教师队伍和制度建设，明确了学校体育的根本任务，标志着我国学校体育开始进入科学化发展阶段，高校体育改革自此全面启动。

2. 学校体育发展走向法制化

为了使学校体育各项工作的开展有法律依据和制度基础，1979 年教育部等发布《中小学体育工作暂行规定（试行草案）》和《高等学校体育工作暂行规定（试行草案）》，这是我国最早的有关学校体育的国家级规定，是指导我国学校体育开展的最主要依据，为我国学校体育的发展奠定了组织基础。

3. 大学—中学—小学的体育教学得到恢复发展

在教育部于 1978 年颁布的《全日制十年制中小学体育教学大纲（试行草案）》中，要把"三基教育"作为体育教学的基本任务。三基教育就是增强基本技术、增强基本技能和掌握基础知识，并且将思想道德教育列入体育教学之中。从此以后，三基教育成为我国中小学体育教学的核心任务与主要目标，对我国中小学的体育教学大纲的制定产生了较大影响。在此后相当长的时间内，我国中小学教学大纲的制定都是以三基教育为主要指导纲要。有了中小学体育教学的借鉴与参考，1979 年，教育部高等教育司又出台了《高等学校普通体育课教学大纲（试行草案）》，对我国高等学校体育教学发展进行指导。

4. 各级各类学校的课余训练与竞赛被激活

1979 年的"扬州会议"对我国学校体育训练和竞赛制度的建立健全以及优秀运动队的组建进行了专门的讨论。为此，1979 年下发的《全国学生体育运动竞赛制度》，对我国大中小学以及各级各类青少年业余体校的体育比赛进行了统一规定，为我国学校体育竞赛的发展提供了充足的动力。1982 年我国召开首届全国大学生运动会，这使学校体育的组织与竞赛关注度得到了提高。许多学校看在全国大运会的召开后，都开始组建运动队，并开始系列训练，备战下一届的体育竞赛。这些都推动了我国学校体育的发展，使我国学校体育竞技人才取得了长足的进步。

5. 体育传统项目学校建立了制度保障

起源于 20 世纪 60 年代的体育传统项目学校，由于在早期呈现出没有组织、没有纪律的情况，各项活动的开展都是自发的，没有形成统一的组织规范与发展，更缺少国家层面的管理和要求，不被社会和国家认可。1978 年以后，为了使我国竞技体育后备人才得到有序发展，国家体育运动委员会和教育部联合推进体育传统项目学校的建设。1983 年，两部委又为此召开"全国体育传统项目学校经验交流会"，颁布《体育传统项目学校试行办法》。该文件的出台标志着我国传统项目学校的发展进入规范的状态。

（四）20世纪90年代我国学校体育规范的提升和改革的深化

随着改革开放的深入推进，学校体育日趋繁荣。我国在继续自主探索社会主义学校体育事业发展道路的同时，还学习借鉴了日、美等国的学校体育办学经验和教育教学理论。在这样的背景下，学校体育工作取得了更多、更显著的成绩。

1. 学校体育管理愈加规范

1990年《学校体育工作条例》正式发布，条例将体育课纳入升学考试科目，对学校体育的教学指导与考核办法都进行了全面的规定与要求，对相关学校体育的开展做出了进一步的论述。《学校体育工作条例》是新中国成立以来，我国关于学校体育工作比较全面的行政法规，推进了我国学校体育工作进入规范管理阶段。除此之外，国家教育委员会还分别在1990年、1991年、1992年发布了大学、中学和小学生的《体育合格标准》以及标准的实施办法，强调将学生的体育学习情况列为学业考试的关键指标，要严格考核、严格考勤。

2. 进入深化体育教学改革阶段

20世纪80年代中期到90年代末期，为了有效推进我国学校体育工作的发展，教育部和国家体委先后制定和颁布了一系列有关于体育课程的教学大纲。《九年义务教育全日制中小学体育教学大纲》及《全国普通高等学校体育课程教学指导纲要》都是在1992年颁布的，1996年又出台了《全日制普通高级中学体育教学大纲（供试验用）》。这些中小学体育教学大纲的实行，对我国中小学体育教育教学改革与发展都产生了深远的影响：一方面使得我国学校体育课程体系的构成变得多种多样，使我国学校体育出现了课程分类、课程选修与必修等诸多类型；另一方面体育课程的管理体系也由国家制定向委员会审定转变，出现了大纲不再对应一种教材，而是对应多种教材、多个教学内容的情况，为21世纪初我国学校体育新一轮课改提供了保障。

3. 不断加强教师队伍的建设与质量提高

在1978年还没进行改革开放之前，我国学校体育教师呈现出师资力量不足、师资质量不高的情况。为了改变这种局面，国家开始在高等学校整顿与重建体育教育专业，加强体育教育专业学生的培养。在高层次人才的培养上，国务院在1981年批准了北京体育学院、上海体育学院等学校可以招收在职教师攻读硕士学位，提高了我国体育师资的教学水平和质量水平。1986年，国家教委发布了《关于加强中小学体育师资队伍建设的意见》，在如何提高体育教师队伍的数量和质量方面都提出了具有操作性的建议，客观上推动了我国学校体育工作的发展。

4. 体育中考制度逐渐完善

1990年下发的《学校体育工作条例》，不仅对我国学校体育在教育教学方面做出了较完善的部署，而且也从升学考试方面做出了明确要求。1992年国家下发《关于印发"初中毕业升学体育考试试点工作意见"的通知》。1993—1997年连续四年分别印发了《初中毕业生升学体育考试试点工作方案》和《初中毕业生升学体育考试工作实施方案的通知》以及《关于在全国继续试行初中毕业生升学体育考试工作的通知》，推动体育中考制度从个别尝试向全面展开，并把体育科目发展成为我国各省市升学考试的重要科目，提高了对学校体育的重视程度。

5. 强化了课余体育竞赛和课余体育活动

1986 年下发的《关于开展学校课余体育训练，努力提高运动技术水平的规划（1986—2000 年）》，从目标、任务、措施等方面规划与设计了我国大—中—小学课余体育训练与竞赛，对我国学校体育的发展有了较为明确的意见和建议。随后在 1987 年，国家教育委员会和国家体育委员会又分别颁布了《关于部分普通高等学校试行招收高水平运动员工作的通知》和《关于试点高校培养高水平运动员的管理办法（试行）》，这两份文件为我国高等院校招收高水平运动员提供了必要的制度基础。而后续有关于中学在培养竞技体育人才的试点工作与建议方面的文件，则从制度和组织规范性上提升了我国中学的课余体育训练与课余体育活动，也为中学生运动员的发展与晋升拓展了空间。国家教育委员会还在 1997 年下发了《全国学生体育竞赛管理规定》，加强了我国大中小学体育竞赛的领导与管理，使我国各级各类学校体育工作进一步规范，课余体育竞赛与课余体育活动获得了较好的提升。余暇时间的增多和经济的富足让人们开始更多追求精神文化的满足，学校体育思想进一步发展。受此影响，"终身体育"的观念应运而生，并成为我国高校体育教学改革的思想基础。

（五）我国学校体育的多元探索

《中共中央国务院关于深化教育改革，全面推进素质教育的决定》1999 年指出，学校体育的开展要坚持树立健康第一的指导思想，同时还对体育课堂、体育活动以及学校体育开展的基础保障等方面做出了进一步的要求与规定。这为 21 世纪我国学校体育工作的开展奠定了重要的基础。与之前相比，到了 21 世纪后，我国学校体育的发展主要表现为政策推进理论进步、理论反馈政策的格局。首先，从国家政策来看，我国学校体育工作的开展是由国家整体推动的，受到国家关注。其次，从社会层面来看，我国学校体育与社会健康休戚相关，社会学研究所获得的各项基础理论及思想，指导了我国学校体育的实践并获得成效。从这一时期我国学校体育的各项工作来看，我国学校体育的进展主要表现在以下几个方面。

1. 开启了以健康第一为宗旨的新一轮体育课程改革

这一次的体育教育改革始于基础教育。教育部在 1999 年颁布了《国家基础教育课程改革纲要》，体育课正式更名为体育与健康课。21 世纪初，教育部又连续颁布了体育 1—6 年级和 7—9 年级课程标准，这些文件的颁布标志着我国义务教育阶段体育与健康课程改革正式启动，并从身体健康、心理健康和社会适应等全面健康促进的角度构建了国家—地方—学校三级课程管理体系。2003 年，教育部又针对高中体育课程颁布了《普通高中体育与健康课程标准（实验）》，使得体育课程改革的范围得到了进一步扩大。本轮的体育与健康课程改革与以往的教学改革相比，在学科方向上表现出一种进阶。教育部 2011 年又对前十年体育与健康课程改革所取得的经验进行了总结，集中对体育与健康课程标准进行了修订，同年又发布了《义务教育体育与健康课程标准（2011 年）》。而在高等教育方面，我国于 2002 年颁布了《全国普通高等学校体育课程教学指导纲要》，对高等学校体育课教学实施了大范围的改革。从课程目标、内容与评价体系等方面对高校体育课程进行了强化，特别是在课堂内外与学校内外体育活动方面，强调了学生在体育课程中的积极作用，为我国 21 世纪高等学校体育课的教学改革标明了方向。

2. 在学校体育规格方面进一步规范和提升

21 世纪，我国青少年体质健康水平逐年下滑，引起了社会的高度重视。教育部和体育总局在 2002 年联合颁发了《学生体质健康标准》。时隔 5 年之后，两部门对 2002 年版《学生体质健康标准》进行了全面的回顾与总结，下发了新版的《国家学生体质健康标准》，进一步规范了我国学生体质健康的相关工作，使我国学生体质健康得到了进一步的制度提升。2006 年由教育部牵头又召开了改革开放后的我国第一次全国学校体育工作会。党和国家领导人对青少年体质健康问题做出重要指示，强调青少年体质健康作为国家和民族的大事关系着国家的未来。2007 年《中共中央　国务院关于加强青少年体育增强青少年体质的意见》，成为我国改革开放后第一份由国务院出台的学校体育工作文件。意见强调要高度重视青少年体育工作，把增强学生体质健康作为我国开展学校体育工作的主要目标。2008 年,《国家学校体育卫生条件试行基本标准》,从体育教师、体育设备和体育管理等方面对我国各类学校都进行了全面深入的规划与规定。该标准还强调要加大对学校体育场地设施建设和体育器材的配备的投入力度。除此之外,还在课余体育训练与竞赛工作方面出台了三份文件,分别是《关于进一步加强普通高等学校高水平运动队建设的意见》和《体育传统项目学校管理办法》以及《国家级体育传统项目学校评定办法》,使我国学校体育竞赛活动得到进一步规范。在国家相关政策推动下,全国各级各类学校加强了对体育工作的重视和管理。

3. 阳光体育运动成为我国学校体育工作的主要手段与重要方式

早在阳光体育运动提出之前,我国相关部门就已经采取多种措施来推动青少年参与体育运动。譬如在 2001 年下发实施的"全国中小学生课外文体活动工程"的通知,强调 1—9 年级的中小学生要每天开展不少于 1 小时的文化体育活动,并逐步在各级各类中小学中推广体育、艺术 2+1 等项目。及至 2005 年,关于保证学生每天运动 1 小时的工作意见,要求学生如果当天没有体育课,要按照《关于实施"全国中小学生课外文体活动工程"的通知》要求,"每天下午课后时间开展不少于 1 小时的文体活动",并在中小学推广"体育、艺术 2+1 项目"。2005 年,《关于落实保证学生每天体育活动时间工作的意见》也要求"凡没有体育课的当天,学校要组织学生参加 1 小时体育活动"。到了 2006 年又发布了开展阳光体育运动的通知，提出要在全国范围内大中小学中开展阳光体育，促使全体学生的体质健康水平能够有所提高。我国阳光体育运动的开展，对于实现体育课内外一体化具有决定性影响。

二、当代高校体育工作面临的挑战和问题

（一）发展学科的驱动力欠缺

新中国成立以来，我国学校体育的发展不管是在理论方面还是在实践方面一直都存在着独立性不够的情况。主要表现在，一是体育学受其他学科的影响，存在较多对其他学科的依附性，包括教育理论和教学方法上都没有体现出体育学科的自主性。二是没有理论支撑，本土化的理论还没有创建，一直以来受国外教育思想的影响较多，在增强体质和全面发展方面游离。不过，我们需要明确的是，学校体育的研究对象是人，也就是说"教育中的体育"和"体育中的教育"的概念，也与一些学科内容有交叉，包括医学、心理学、人类学等各个方面。这些学科都可以支撑体育教育的发展与进步，体育学科可以借鉴相关的理论与方法进行实践，并反哺学校体育的发展。体育教育学的不自主与非独立性，也在一定程度上导致了体育学科在 70 余年的发展过程中一直没有办法对相关的理论与方法进行全面吸收，更没有办法通过表面看实质，揭示体育学未来的发展规律与本质。而且我国的体育研究一直对国外的各种教育理念较为推崇，较少有人会从我国学

校体育工作的发展本质出发，去创建属于我国本土化的理论体系。这些弊端日久年深，也就导致了我国的体育教育理论薄弱。进一步说，我们对这些从国外引进的教育理念还没能进行有效的批判和辨析，也还没进行试验。它们是否适合我国的国情、是否能够产生效用也没得到确认，这样的舶来品极易对我国学校体育学科的发展产生弊端。

（二）理论无法对实践形成有效的检验

"实践是检验真理的唯一标准"。不过长久以来，我国体育教育学却没能对我国学校体育的问题及发展进行有效的解决与指导。这些问题主要体现在以下两个方面。一是学校体育的研究大多还是一些理论性的架构，这些理论架构不足以对我国学校体育的基层实践产生有效的引导与指导，而且现有的研究更多偏重于宏大叙事，对于一些细小的问题还没有较深入的关注与涉及。所以在顶层注重了设计，但是在基层却没有办法执行。二是关于学校体育的研究相较于实践而言，理论方面还比较滞后，对于在改革进程中出现的一些问题还没有办法合理解决，特别是一些指导性的文件还没有起到应有的作用，理论研究与实践操作脱节。

（三）学校体育思想泛化

新中国成立以来，伴随着经济社会的发展及生活方式的转变，学校体育思想不断发展、演化。不同专家学者对学校体育思想有不同认识。徐本力教授认为：学校体育思想是人们在一定时代、一定社会的体育实践活动中形成的对学校体育内在规律及其发展趋势的认识，包括对学校体育的性质、目标、发展方向、实施方法与途径的看法。刘海元和周登嵩教授认为：学校体育思想是人们在一定社会和时代的学校体育实践活动中，形成的对学校体育的认识或看法，核心内容是目标、性质、方向及基本规律的认识。邓星华教授指出：学校体育思想是研究者在一定历史时期内形成的对学校体育的认识，是学校体育观的反映，对学校管理和发展起着积极的引导作用。还有众多专家学者对学校体育思想进行了深入细致的研究，对学校体育的发展产生了巨大的推动作用，为学校体育的规范化和科学化奠定了基础。本部分借鉴潘绍伟教授在《改革开放 40 年中国学校体育思想》中介绍的几种有代表性的思想观点用以探研。如 20 世纪 70 年代末、80 年代初，以林笑峰、徐英超先生为代表的学者提出了"体质教育"的概念，经过系统发展，形成了后来的"真义体育观"。这类学者认为，体育与体质教育概念互通，特征相似，目标一致，都是以教授的方式，把提高身体机能和身体素质的方式方法教授给受教育者，使其达到增强体质、全面发展的目的。但以金钦昌教授、曲宗湖教授为代表的部分学者认为，学校体育的主要目的已经不是增强体质，提高身体素质，而是教会学生学习和掌握身体锻炼的知识和技能，培养学生健康行为习惯和创造能力，也就是后来的"运动技能教育论"。他们还强调体质教育实际上就是"三基"的教学，是为了实现体育知识技能的目标而进行的体育教授活动，需要加强对体育基本知识和技术的教授。80 年代中期，"全面发展的人"的教育理念成为世界共同关注的主题，学界针对学校体育的认知展开了新一轮讨论。以马启伟教授、季浏教授为代表的学者立足体育概念，提出了"素质教育观"。他们认为，"体育二元论"割裂了身体和心理的统一，当下体育的实质是要通过身体教育对人实现全面教育，现代体育与健康课程应重视积极学习的态度，强化知识和能力的获取，培养正确的价值观。但以赖天德先生和陈琦教授为代表的学者认为：我国学校体育教育思想应该是增强体质，提高体育素养，促进学生身体和心理的统一和健康，培养学生从事体育所需的基本知识和行为习惯的体育能力。还有如运动教育的快乐体育观、运动本体观等理论依旧值得借鉴、参考、解读。学校体育思想随时代与社会的演进不断演化，每一种思想都是在与其他思想不断辩论、批判、碰撞过程中相互借鉴，逐步丰富与完善的，较少存在"你方唱罢我登场"的一元格局，较多的是多种形式共同存在的多元融合。诚然，各种思想都对学校体育产生了巨大的助推作用，使学校体育的鲜花不断盛开，但对学校体育改革而言，以上这些体育思想各有侧重，未尽其用。面对众多的学校体育思想，如何理解、怎么理解、理解到什么程度，等等，这些都是需要不断进行深入思考的话题。

（四）大中小学的体育教育无法有效衔接

毛振明认为，目前学校体育已经出现学科建设迷失，学校体育教学水平低下等许多危险的征兆，甚至出现取消大学体育课的声音；还有人指出大学体育表现出与中小学教学内容重复、自身特色和价值不鲜明等问题。大学体育从属于包括大学教育在内的、更高一层的大学组织行为系统，兼具培养创新精神和创造能力的高级专门人才以及进行科学研究、承担社会服务的职能。而中小学则是培养社会主义的合格公民和具有良好素质的社会主义劳动者，为高一级的学校输送合格的毕业生。二者在培养目标和职能定位方面不尽相同。根据《高等学校体育工作基本标准》要求，高校体育要落实立德树人的根本任务，切实提高高校学生体质健康水平，促进学生全面、健康发展，但高校体育在教学内容和教学模式方面与中小学同质化现象明显。以篮球课程为例，作为最受学生喜爱的运动项目之一，中小学体育课程一般都有所接触，学生对于篮球应该具有一定的技术基础，但实际情况是，许多进入大学选修篮球课学生的运动技术仍需从零起步。另外就是田径运动中的蹲踞式起跑，学了十几年的技术动作，还是有非常多的学生表示不会使用该技术。这是中小学体育教育的失位。此外，青少年体育课外辅导机构异军突起，家长在追求学生学业成绩的同时开始注重学生身体健康与素质技能，学校的教学资源已不足以支撑学生体育能力的获得与发展。因此，面对中小学体育教育的失位，高校体育课程是该延续中小学的体育授课内容，弥补中小学体育的失位，还是重新建立起点，创新课程模式与课程内容，承继终身体育培养的历史使命，同样值得深思。

三、健康中国对新时代高校体育的新要求

知识经济时代的到来，使各国之间的竞争转变成了以人才为

中心的综合国力的竞争。为了应对新挑战，当今社会要求培养高素质的合格人才。大学生作为高素质人才，不仅代表着国家和民族的未来与希望，而且还会映射出社会发展的状态。《国家中长期教育改革和发展规划纲要（2010—2020年）》（以下简称《规划纲要》）要求坚持全面发展，全面加强和改进德育、智育、体育和美育，坚持文化知识学习与思想品德修养的统一，加强体育牢固树立健康第一的思想，确保学生体育课程和课余活动的时间，提高体育教学质量，加强心理健康教育，促进学生身体健康、体魄强健、意志坚强，促进德育、智育、体育、美育有机融合，提高学生综合素质等。全面发展包括德、智、体、美、劳等多方面，对于大学生来说，只有拥有健康的身心，才能更好地规划未来、适应社会，才能成为社会需要的全面发展的人才。所以，以往单纯的以体质教育为主的"真义体育观""运动技能教育论"等均显示出片面性。新时代体育不仅要重视大学生的身体健康教育，更要重视大学生的心理健康教育，要根据大学生的身心发展特点和教育规律，注重培养大学生良好的心理品质和自尊、自爱、自律、自强的优良品格，增强大学生克服困难、经受考验、承受挫折等能力。要制定大学生身心健康教学计划，确定相应的体育课程内容与教学方法。对标《规划纲要》，在学校体育教育研究和实践探索中，着重思考体育健康促进相关的内容，提高大学生健康水平、增强大学生身体素质、丰富健康素养、培养健康生活方式以及提供校园健康服务等，开展能够与健康中国战略主题相契合的实践创新。

通过学习和深刻理解《规划纲要》，全面创新体育促进健康的理念，切实贯彻"共建共享，全民健康"发展理念，具体内容如下。

（一）加强健康教育

开展针对全体大学生的健康理论教育，确保体育课上健康知识的课程占比要达到 10%。健康内容，如安全健身、科学锻炼、急救处理、心血管系统、内脏器官功能、运动预防疾病以及科学生活常识等，在任何运动项目的体育课程中均可融入结合具体项目给予解说。健全覆盖大学生的健康素养和生活方式教育。此外，加强校园宣传力度，开展体育协会的知识宣讲活动、健康知识竞赛活动、建立健全健康促进与教育体系。

（二）积极开展面向促进学生体质健康的高校体育改革

2016 年全面学生体质监测数据表明，大学生的耐力素质和肺活量指标仍然呈下降趋势，这两项是反映学生肺功能状况的重要指标。增强肺功能通常采用的手段是进行有氧耐力的锻炼，增加以有氧代谢为主的练习。在体育课程设置中最实际有效的办法是增加中长距离耐力跑的训练，它以有氧供能为主，能有效地改善呼吸系统机能，提高肺功能水平。此外，有氧运动的方法很多，除了中长距离的耐力跑，还可开设游泳、啦啦操、定向运动等项目。总之，加强体育课程建设，设置合理的教学内容，采用良好的教学方法，制定适宜的运动负荷强度，促使学生自发、自主、积极地从事体育锻炼，并养成经常参加体育锻炼的习惯，从而达到改善体质健康水平的目的。

高校体育课程要充分调动学生的运动兴趣，使学生自觉、自愿地进行体育锻炼。高校体育课程设置的内容应适当增加一些提高学生肺功能的锻炼项目，这样更有利于提高学生的体质和健康水平。体育课程设置应根据学生的专业特点和学生体质健康状况，科学合理地制定开设体育项目，以扭转学生体质健康状况日益下降的状况，提高学生身体素质，让大学生体质测试达标率保持平稳。同时，补齐体质短板，如耐力和男生上肢力素质，逐渐提高达标优秀率。

学生体质健康评价是目前高校体育工作的重要组成部分，也是体育课程建设的一个重要组成部分。现行《大学生体质健康标准》作为促进学生体质健康发展、激励学生积极进行身体锻炼的教育指导，是学生体质健康的个体评价标准。它的目的是要通过对个体的评价使学生能够更清晰地了解个体差异与自身某些方面的不足，有利于促进学生积极参加体育锻炼，掌握有关身体健康的知识和科学健身方法。如通过《大学生体质健康标准》的测试与评价，对每个学生的体质健康状况进行监控并及时反馈，对存在个体差异较大或自身某些方面不足的学生，为其制订科学合理的锻炼计划，指导其进行适宜的体育锻炼，从而促进其了解自身体质健康水平和掌握科学的健身方法。大学体育课程教育应当强调对学生体育锻炼方式方法的指导，注重大学生自主学习能力的提升，增强学生参加体育锻炼的积极性。体育课程教育要求师生之间和谐相处，为学生创造一个和谐快乐的运动氛围，保障学生能够在体育运动中享受体育乐趣，掌握有关身体健康的知识和科学健身的方法。大学体育课程改革保留了体育基本知识与技能的传授，增加了体育健康知识传授的内容，这要求教师能够在体育课程中让大学生掌握更多的身体健康知识与科学健身方法，促进学生的身体健康。

（三）重视体育课堂上的心理教育，研究身心融合的健康教育手段与措施

近年来大量研究与统计表明，当前我国大学生的心理健康状况不容乐观。有学者发现，大学生已成为心理健康的弱势群体，独生子女一代的大学生因社会阅历浅，独立生活能力差，面对社会上各种新生事物和行业剧烈竞争的冲击、复杂的人际关系，缺乏全面正确的自我认识，表现出抑郁、焦虑等常见精神障碍和心理行为问题。青少年处于成长的特殊时期，身心变化比较大。在这个年龄阶段，思维、情感、意志正逐渐形成，但是他们意志比较薄弱、认知结构不够完善、身心发育不同步、依赖性还比较强，这就使得他们更容易感受到矛盾和冲突，体验到焦虑和挫败感。因此，在体育课程教学中培养学生的心理健康和社会适应能力变得尤为重要。

研究证明，在学生参与体育课程锻炼中，随着个人体能的慢慢消耗，激烈冲动的情绪会逐渐趋于平稳，巨大的心理压力由此得以释放。因为，一般情况下，心情低落时学生就会感觉到压抑

和烦躁，如果此时参加体育课程锻炼，可以加快脑部血液循环，促进体内内啡肽的释放。内啡肽能够产生愉悦感，从而改善情绪，使人心情逐渐转好。

《中共中央国务院关于深化教育改革全面推进素质教育的决定》指出："健康体魄是青少年为祖国和人民服务的基本前提，是中华民族旺盛生命力的体现，学校教育要树立健康第一的指导思想，切实加强体育工作"。2011年教育部修订发布《义务教育体育与健康课程标准》，将"体育课程"转变为"体育与健康课程"，在坚持"健康第一"的指导思想下，为体育与健康课程设置运动参与、运动技能、身体健康、心理健康和社会适应5个学习领域目标。心理健康与社会适应是指人在知、情、意、行方面的健康状态，主要包括发育正常的智力、稳定而快乐的情绪、良好的心理健康与社会适应能力、坚强的意志、良好的性格及和谐的人际关系等。此观点指出了心理健康与社会适应的5个维度，分别是智力发育正常、情绪稳定快乐、心理健康与社会适应良好、意志坚强、人际关系和谐。目前，针对大学生实施的心理健康教育的效果不是一蹴而就的，而是一个长期坚持干预的过程，需要教师与学生的共同努力。体育锻炼对学生身体素质的提高有着重要作用，同时，体育锻炼还能有效调节学生的心理健康状况，培养学生树立坚强的意志，对学生控制情绪、提高适应能力有着显著作用。由此可见，将体育课程教学与学生心理健康教育有机结合，能促进大学生心理素质的全面提升。

高校体育课程与心理健康教育的核心是通过体育课程的锻炼

促进大学生良好行为的养成。知—信—行理论将人们行为的改变分为获取知识、产生信念及形成行为三个连续过程。在体育课程学习中，"知"指体育理论知识和学习，是行为的基础；"信"指信念或态度，即个体对自己体育运动中应遵循的原则的信仰，是行为的动力；"行"就是将已经掌握并且相信的体育理论知识付诸行动，促成心理健康行为的形成。

体育课将加大心理健康科普宣传力度，提升心理健康素养作为体育教学目标之一。有针对性地设计课堂集体活动，帮助学生在活动中提高沟通交流能力、思想表达能力、互帮互助能力等，并乐于为他人着想。也可以通过课堂设计教学竞赛，教育学生勇敢面对竞争、正确对待胜负、包容团队不足、勇挑重担等品质品德。正确的世界观和积极向上的心理活动也应成为体育思政课程的重要内容之一。

（四）完善学校公共服务体系，扩大健身场所建设

教育部关于高校体育场所配备条件要求：学生数在10000—20000人的高校必须有400米田径场（内含足球场）2个，25米×50米标准室外游泳池1个，篮球场、排球场、网球场60块以上，武术、健身器械区若干。学校体育教师应积极向学校申请，争取学校财政支持，从而建设一个满足师生运动需要的活动场所和完善的运动服务体系。加快推进各类体育场馆设施建设，广泛开展普及性体育活动，持续深化体育教育教学改革，大力营造校园体育文化，努力为老师和同学参与体育锻炼创造更好的条件和环境。

（五）继续完善校园全民健身计划，推动全民健身生活化

大学生在参与体育教育活动中能够放松身心，获得轻松快乐的情感体验，这对他们的个性培养起到良好的促进作用。对个性比较孤僻的学生来说，通过参加团体竞赛，如拔河比赛、篮球运球比赛、跳绳比赛等体育活动，可以和其他学生进行交流与合作，甚至成为朋友，逐渐形成开朗、外向的性格特征。对于那些比较浮躁、做事比较冒进的学生来说，参加太极拳、长跑及棋类智力项目的锻炼，可以培养他们的耐力。对于那些比较害羞、怕生的学生来讲，通过参加接力跑比赛等，和其他学生进行交流与协作，敞开心扉，可以让自己不再害羞，进而变得活泼起来。对于那些遇到问题就退缩、不敢向前的学生来讲，通过运动量较大的体育项目，在激烈的运动中找到规律，能够培养自己处变不惊的能力。对于那些做事犹豫不决的学生来说，多去参加跳高、乒乓球等项目的活动，有助于培养灵活、协调的反应能力，形成做事当机立断的性格。经常参加体育锻炼的学生易对自己的评价客观公正，有利于培养良好个性。

体育竞赛与游戏活动，都需要参与者具有强烈的竞争意识，具有勇于探索和改革创新、积极进取的精神和能力。学生如能常年不懈地坚持参与这种竞争激烈的活动，就会使自己的竞争意识不断得到发展和提高。如：在比赛中学生会感受到竞争的激烈，为了要战胜对手，在赛场上取胜，他们必须尽力发挥自己的长处。他们会利用自己的空闲时间自觉地进行锻炼，努力将自己的

长处发挥到极致。这显然能够在一定程度上达到体育教学的目标，也可以逐渐培养他们的能力。因为在体育赛场上，能够感受到竞争的含义，为他们以后进入社会竞争环境奠定基础。

体育运动是一种人与人交往的活动，体育学习和体育活动的过程，同时也是同学之间接触和交往的过程。通过和同伴共同参与体育活动，可以加强人与人之间的交流合作，增加对社会的接触和了解，可以消除孤独感，忘却痛苦和烦恼，保持良好的人际关系，从而有利于学生培养和提高处理各种人际关系的能力，为他们今后适应社会打下一定的基础。

四、高校体育改革的现实意义

（一）高校体育改革有助于立德树人根本任务的落实

体育活动大多都具有很强的集体性。学生在集体活动中，可以逐渐培养自己的承受能力，提高自己的心理素质。学生在参加体育集体项目的时候，可以自我觉察出很多问题，比如与他人合作能力的大小、人际关系是否和谐等。通过参加这些集体活动，很多学生开始对自己有了一个正确的认识；同时，也可通过其他学生对自己的评价，发现自己的不足之处，进而改正自己的缺点，让自己的能力得到提高。

有的体育活动，持续过程较长，活动内容比较复杂，运动过程中充满了各种各样的挑战，如疲劳、损伤、胆怯、动作难度和气候条件等。在参与运动的过程中需要克服以上种种困难，这必将磨炼学生的意志，培养其果敢、坚强的意志品质。如学生通过参加长跑活动，不仅提高了心肺功能，还克服了困难，挑战了极限，培养了坚强的意志品质。在参与的时候学生会明显感受到"痛苦"，但恰恰可以促进心理品质的提高。而且，这些在体育运动中建立起来的意志品质，还会迁移到日后的学习、生活和工作中去，对他们产生深远的影响。

同时，体育教师在实施教学活动中要遵守师生平等的原则，对学生的表现给予鼓励和正面评价。体育教师通过亲切友善的教学态度给予学生关心和尊重，以教师自身积极的人格引导学生心理健康的科学发展，用真心去感染学生，不对任何一位学生存在偏见，使全体学生都能在轻松愉快的环境中参与体育锻炼，帮助学生树立良好的心理品质，减少心理障碍的产生。另外，体育教师在体育课程教学活动中要不断提高学生心理健康干预意识，正确引导学生心理健康发展，将提高学生心理健康水平作为课程教学目标。

学生通过体育锻炼，可以不断培养自律意识。要想很好地参加体育活动，就必须遵守体育项目的规则。学生参加一些体育比赛，可以通过规则来严格要求自己，在比赛中逐渐培养自己的规则意识，遵纪守法，依照社会规范约束自己的语言和行为，这对巩固和提高大学生遵守基本道德行为规范有着积极的作用。

另外，体育竞赛活动，对大学生还能产生特殊的效应，深受他们的喜爱。通过观看自己喜好的高水平比赛，可欣赏诸多精彩的场面，鉴赏其技术水平，并从中受益，也由此引发自身参与体育活动的意识、兴趣。因此，学校可以多组织和参与邀请赛、互访赛、友谊赛等活动，走出校园，交流沟通，增进友谊，融入社会，丰富学生的社会阅历。

（二）高校体育改革促进学生养成健康的行为生活方式

体育与健康课程关注的核心是满足学生的需要和重视学生的情感体验，促进学生养成健康的行为生活方式。从课程设计到评价的各个环节，教师始终把学生主动、全面的发展放在中心地位。在注重发挥教学活动中教师主导作用的同时，特别强调学生健康的行为生活方式，以充分发挥学生的学习积极性和学习潜能，提高其体育学习能力。通过大学体育课程的学习，学生能够掌握体育与健康的基本知识和运动技能，形成终身锻炼的意识和习惯。学生可以根据自己的兴趣爱好和不同需求，选择个人喜爱的方法参与体育活动，挖掘运动潜能，提高运动欣赏能力，形成积极的生活方式，并提高体育运动中的安全防范能力，获得在野外环境中的基本生存技能。通过体育课程学习，学生熟悉体育锻炼的基本方法，提高自觉维护健康的意识，养成健康的生活方式和积极进取、乐观开朗的生活态度。

（三）高校体育为健康中国打下良好的基础

大学生正处于人生发展的特殊时期，他们有活力和旺盛的精力，喜欢追求新鲜事物。部分大学生并不满足在体育课堂中的学习，因此他们常常积极主动参加一些开放性的体育活动，选择在体育活动中消耗自己的多余精力。一般来讲，大学中的体育设施更加多样化，无论是数量还是种类都非常丰富，能够为大学生提供更多的参与体育活动的机会，使他们不仅有机会满足自己的兴趣爱好，还可以通过参加体育锻炼提高自己的身体素质。学生通过参加体育活动，不仅获得了强健的体魄，提高了身体素质，还缓解了紧张的学习压力，丰富了自己的学校生活。更重要的是，学生对身心健康有了更清楚的认识，懂得如何保持身心健康。

高校体育课程要以终身体育为主线，在考虑学生年龄、性别、生理、心理、智力、体力等因素的基础上，科学合理地对学生进行教育，培养学生自发、自主地进行体育锻炼的能力，使学生能够体会到运动的乐趣，形成对体育的良好态度，让学生在体育学习中获得良好的情感体验，满足其对体育的需求。体育课要逐步走向选修，要通过俱乐部、健身中心、单项体育协会等多种形式来满足学生娱乐、健身、健美、休闲及竞技的需要，进一步提高学生的综合素质。教师在教学中要引导学生树立正确的体育锻炼动机，全面提高学生的生理机能、身体素质和对环境的适应能力，掌握科学锻炼身体的基本技能，养成终身体育锻炼的良好习惯，以促进其身心全面发展。

目前，高校体育课程大多采用选修课的形式。学校根据场地、器材以及教师人数、教师专项情况开设选修课，大部分学生能按自己的意愿选择喜欢的项目。这样的课程设置能逐渐培养起学生对体育项目的学习兴趣，有利于发挥教学主体的积极性和自觉性。除此之外，目前部分高校体育课在课程设置上为了能满足学生的需要，增加了许多新兴项目，如拓展训练课、攀岩课、定向越野、露营等，注重对学生心理健康的发展。总之，目前高校体育课程多能合理地运用现有条件，利用先进的教学手段，从兴趣和能力培养入手，去创造条件，提高学生的体育锻炼意识。

福建江夏学院学校体育工作亦经历多年改革，通过认真溯源学校体育发展史，总结学校体育成功经验和发展中的不足之后，提出了融合式体育教学改革，并在改革过程中有了许多体会和经验。我们将体育与心理学融合、体育与美学融合、体育与思政融合作为教学改革重点成果，把实践经验进行理论提升，再返回指导实践，使理论与实践紧密联系，相得益彰，共同发展。

第三节　高校体育与心理健康教育的有机结合

一、身心融合的全面健康促进

在推行全面素质教育的今天，高校体育已成为培养学生全面发展的重要学科，是培养学生体育锻炼意识和能力的中坚力量，在传授有效运动技术和培养正确的锻炼技能方面发挥着重要作用。高校体育在教学过程中不仅要注重学生个人身体素质，同时还承担着促进学生身心健康融合的教育使命。正所谓"身体是革命的本钱"，在终身体育思想构建下，学生体育运动的兴趣、习惯以及主动体育、坚持运动锻炼思想都将是教育的主要内容。高校体育工作要以提高大学生体质健康为落脚点，以培养学生终身体育意识为归宿，以"每天锻炼一小时，健康工作五十年，幸福生活一辈子"为目标，培养当代大学生树立"健康第一"的理念。通过体育教育使健康理念贯穿学生的生命周期，不仅让学生受益匪浅，还能更好地为实现健康中国与体育强国战略服务。

（一）体育运动与身体健康

体育运动与身体健康关系密切，体育运动是促进身体健康的最有效方式之一。但是体育运动一定得讲究方式方法，不同的运动项目各有特征、特性，即使同一运动项目在不同的时间或不同体质人群进行锻炼时也需要掌握运动强度和运动量的适宜。所以，体育运动和身体健康之间存在着辩证关系。科学锻炼才能发挥体育运动有益于身体健康的最大功效。体育运动能够有效地提高人体免疫功能，是打造健康体魄和预防疾病的有效措施。它能够提升身体各个系统的功能，如消耗机体内脂肪、缓和糖尿病症状、减轻体重、降低血压等。研究表明，有效的体育运动能够降低结肠癌和乳腺癌的患病率。盲目的体育锻炼则有可能伤及身体，如准备活动不充分，就可能拉伤韧带、肌肉、挫伤骨骼等；突然加大运动强度会对心血管系统造成过度刺激，甚至因供血不足而晕厥休克，所以体育运动与身体健康之间的关系是复杂而规律的，不可随心所欲。学校体育是身体健康教育与体育运动教育二者的有机结合。学校体育能够培养学生对体育的热爱、养成终身运动的习惯，还能为身体健康奠定基础。"青年兴则国家兴，青年强则国家强"，因此，高校体育改革发展必须立足于全人群和全生命周期两个起点，为全民健身打下坚实基础。

通过有效且正确的体育运动能够提升体能和身心健康水平。新时代高校不能一味地追求体育成绩或体育技术，不能让同学们只注重学分成绩，要让体育成绩与体育快乐相互促进。为适应新时代的快速变化，高校体育必须在教育中注重培养学生的体育习惯、体育能力，提高学生的身体素质，培养学生终身体育意识，提高个人品德修养。

（二）体育运动与心理健康

具有一定规律性的体育运动对保持人的心理状态良好具有很大的帮助。现代社会由于多方压力的堆积，导致人们常常存在消极情绪，甚至产生焦虑、抑郁等严重心理问题。现如今，我们多数通过药物调节人体某物质水平来达到消除消极情绪的目的。部分研究人员认为，体育运动有助于医治某些精神疾病，在许多情况下体育运动与心理治疗和抗抑郁剂一样可治疗情绪失调症。具体作用如下。

第一，完善人格、增进社会适应性。体育是一种在人类进化过程中形成的社会活动。体育除通过身体外在的各种活动来展示外，还具有内在的精神，包括个体的价值观、意识形态和个人行为规范。正因为从体育中观察到了各种文化特征，人们将体育认定为一种文化，即体育文化。体育为学生提供了一种"社会角色"分配的模拟，使他们能够试验社会角色，指导他们学习和实践社会规范，并融入社会价值体系。在体育运动中，运动者们彼此激励、竞争，在和谐与自由中发展友谊，提高社交技巧。人人有权参加体育运动，无论其身份地位如何，所有参加者均享有平等的权利。运动员尊重彼此、尊重规则，并可在竞争当中通过同龄人的反馈提高自己。由此，我们将进入体育运动带来的良性循环中，如图1-1所示。因此，体育活动将促进个体形成并发展个体人格、自我意识、群体约束和积极性，从而具有更强的社会适应性，并不断完善个体人格。

图1-1　体育运动中的良性循环

第二，减少身心失调。体育锻炼能够促进人体新陈代谢和人体去甲肾上腺素分泌，有益健康。体育运动不仅可改善血管收缩与渗透，促进人体血液循环，增强心血管系统功能，减少身心疾病的发生；还能够使人体体温长时间保持同一温度，维持神经纤维的正常传导，有益于人体精神健康。

第三，改善情绪。人可以在运动时减少对负面情绪的关注，随着时间的流逝，其焦虑和抑郁之类的负面情绪产生次数会减少，这有助于其形成积极向上的心理和态度。因此，运动对调节情绪和心理健康具有十分重要的作用。

二、面向大学生的心理健康服务

步入新时代，体育建设显得更为重要。高校体育教育的目标是体育与健康相互促进。体育与健康知识、健康行为、运动技能、心理健康、思想品德、社会适应能力等组成体育素养的主要内容。

近年来，"00 后"步入大学，成为当代大学生的主要群体，其身心发展趋向成熟，已具备独立思考、判断的能力；在思想与性格方面，积极活跃，具有较强的个性，喜欢挑战与创新。但是由于受到应试教育、升学压力的影响以及作为独生子女所受到的家庭溺爱，使得绝大多数大学生的心理健康状况不容乐观。研究显示，当前有 20.5% 的大学生存在不同程度的心理健康问题，主要表现为缺乏人际交往能力、抗挫折能力不强、未能全面认识自我等，严重者还出现抑郁症、焦虑症等问题。众所周知，体育运动具有很好的调节和干预身心健康的功能。各种运动和体能训练，有助于缓解大学生心理压力，促进其认知能力的发展以及健康心理的形成。经过教学改革的尝试，我们发现体育运动在促进心理健康方面具有不可替代的作用。

高校体育对心理健康的重要意义，可以概括为以下几个方面。

首先，有利于提高学生的身体素质与体育能力。高校体育教学中渗透心理健康教育，不仅可以使学生强身健体，也能够使学生修身养性，利于其全面发展。

其次，有利于提高学生学习效率，提升认知能力。良好的体育教学和运动训练能提高学生的注意力、记忆力、想象力、思维能力和应变力，从而为心理健康发展和学习生活提供保证。

再次，有利于学生形成良好的性格和品格。通过运动还可以培养学生吃苦耐劳，勇于克服困难，坚持不懈的体育精神，增强人格魅力，树立正确的人生观、世界观和价值观。

三、促进身心健康的高校体育发展策略

顺应"健康中国"战略，新时代高校体育应从以下几个方面进行改革与创新。

第一，从思想源头树立正确体育价值观。教师要深刻认识到体育强国之理念，端正对体育课程的态度。教师要具备专业的体育素养才能够在体育教学过程当中充分发挥体育运动的培育者与引导者的角色，促进学校体育的发展。教师要让学生认识到学校体育的重要性，由内而外地受到学校体育教育带来的积极影响，促进其身心健康发展。

第二，让同学们在体育教学中体验乐趣、激发兴趣。由于高校中各种文化课程较多，导致一些同学对体育课程并没有太大的兴趣，并且在体育课程中体验不到任何的学习乐趣。这就要求各大高校对于不同身体素质的同学都应该设计不同的方案，并有针对性地开发不同课程，例如开设瑜伽课、健身课、击剑课以及太极拳课等，让同学们自主选择喜欢的体育课程，从而激发他们对

于体育课程的兴趣，爱上体育课程，以提高身体素质水平。

第三，让学生在体育教学中获取更多的成就感。许多学生都具有要强的心理，所以根据这一心理特征，可以使学生在体育课中获得更多的成就感，激发其对于体育课程和参与体育活动的兴趣。例如在体育课程中设置接力跑比赛，并设置奖罚分明的比赛制度，通过运用比赛的方式来让同学们获得更多的成就感；也可以让同学们做一些体育运动的小游戏，如4—6人为一组的走鸭子步等小游戏，使同学们体验到"学中乐，乐中学"，来增强他们的运动能力和同学间的沟通合作能力。

第四，教学硬件设施的必要提升。一些学校设置体育教学的硬件设施或者软件设施意识较为淡薄，认为把钱用在体育设施建设方面不重要。其实并非如此，只有身体健康水平提升，学生才会有更高效的学习能力，毕业后能更快融入工作中，为国家做贡献。因此，高校应加强体育硬件建设，来提高同学们参与体育锻炼的兴趣，增强其运动能力。

第五，高校体育教学内容的深入改革。高校体育应该注重教学内容的改革，只有与时俱进地改变教学内容，才有可能提高学生的运动技能，培养其终身体育能力。另外，还应树立正确的教学观念，增强教学的改革及创新性，不断优化教学理念，将新时代下的体育教学改革与创新贯彻落实，关注每一位学生的身体健康以及心理健康，确保学生能够快速融入将来的社会之中。

四、高校体育健康教育课程体系的构建

在健康中国的背景下，随着素质教育改革的层层深入，我国对体育教学改革的关注度也逐渐加深。大学阶段是学生形成健康理念的重要时期，也是学生培养终身体育意识的关键阶段，因此，在高校体育中构建体育与健康课程体系非常重要。

高校体育与健康教育是以开展室内理论课程和室外运动锻炼两种方法为主，向学生们传达科学的健身方法和增强自我保护意识的高校体育教学活动。当前，全国各大高校积极响应国家号召，逐步构建合理的体育健康教育课程，培养学生健康的生活方式，以达到其养成体育终身化的能力。积极地开展高校体育健康教育，不仅提高了学生的体质健康水平、增强了学生心理素质的培养，同时也有效地培养了学生的团结协作意识和顽强拼搏的奋斗精神，使其在竞争激烈的社会中，感受到运动能够带来的快乐，找到心灵的寄托。

未来社会发展的趋势，必然是身体健康与心理健康同步发展的模式。福建江夏学院在构建高校体育健康教育课程体系中，坚持以培育"健康至上，全人发展"为核心的教育理念。在"科学育人"导向下，从师资角度、教学资源整合角度、体育课程共建角度，创新系列体育改革措施。以下为福建江夏学院身心健康与素质拓展教学课程体系的案例。

福建江夏学院身心健康与素质拓展教学体系构建

一、总体目标

身心健康与素质拓展教学体系打破原有的行政隶属关系，课程体系重构、教学团队重组、实验教学体系融合。首先，进行资源深度整合，发掘整合心理和体育学科优势，突破了心理课、体育课的概念解析，扩展体育对心理教育和社会适应能力的教育功能。其次，系统优化身心养成教育课程模块。开设素质拓展、心理健康、运动保健、野外求生、生命教育等相关课程群，并创立身体素质和心理素质培养相结合的课程，即身心素质及潜能激发训练等。再次，注重理论与实践的密切结合，强调学生身心素质与综合实践能力的全面发展。

二、团队建设

1. 积极打造身心素质教育系列公共课教学团队，旨在实现高校体育教育与心理健康教育的融合，促进学生综合素质的全面发展，在学校人才培养工作中发挥重要作用。

2. 努力提高教师的政治素养和专业素养，建设师德高尚，业务精湛，充满活力的积极向上的具备良好心态和合作精神的师资队伍。

3. 完善团队结构，优化教学组合。不断深入教学改革，开发优质教学资源，深化心理健康教育与体育教育的融合，建设我校具有核心竞争力且学历、职称和年龄结构合理的队伍。重视对青年教师的"传、帮、带",提高教师队伍整体教学水平。

4. 创新教学与科研风气,整体提升团队教学、科研水平与社会服务能力。抓好教学常规建设,不断改进教育教学方法,优化课堂教学,积极参加教学改革与创新,并把相应成果运用到教学活动中,有效提高教学质量。

为建立一支高水平、高素质的稳定的教师队伍,保证教师队伍的年龄结构、职称结构、学历结构、学科结构的合理分布,我校精心选择了心理教研室和体育教育的10位教师组建教学团队。该团队目前有教授3人,副教授3人,讲师4人。博士学位1人,硕士学位6人。43岁以下教师占70%。双师型教师占70%。5位教师从事心理健康教育,5位教师从事体育教育。团队成员均认同课程建设的共同目标,并能积极配合、密切协作、分担责任、和谐统一、优势互补,携手前进。团队着重培养中青年教师,建设以教学经验丰富、业务水平高的教师为骨干力量,中青年教师为主体的稳定的师资队伍。

三、教学条件建设

首先,发掘整合心理和体育学科优势,聚合大学生心理素质训练室和素质拓展户外基地两个省级基础课实验平台的资源,以高素质实验教学队伍和先进的实验条件为保障,以实验资源共享和高效利用为基础,为培养大学生的身体素质和心理素质提供坚实条件。

其次,成立大学生素质拓展仿真实验教学中心,构建以培养创新型、应用型复合人才为目标，以身心素质综合能力培养为核心，注重理论与实践的密切结合，注重学生身心素质综合实践能力的全面发展，具有很强的针对性和可操作性教学体系。以该中心为依托，努力完善学院人才培养的综合素质教学体系，即基础平台系列实验课程、身心素质训练实验课程、拓展创新系列实验课程等"三层次"的实验教学课程体系，如图 1-2 所示。

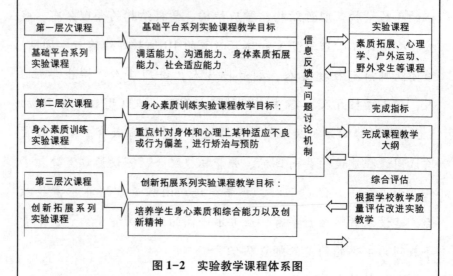

图 1-2　实验教学课程体系图

四、人才培养

现代教学理念强调树立为学生服务的观念，促进学生综合素质的全面提高，使学生知识、能力、素质得以和谐统一发展。大学教育应以提高学生能力、素质为根本目的。良好的身心素质是当代大学生健康成长应该具备的基本素质，也是社会发展对大学生的基本要求。

立足学校培养服务区域经济社会发展能力的各类高素质人才的定位和目标，把学生身体健康和心理健康作为我校人才培养的基础，重点培养学生自我探索技能、心理调适技能以及心理发展技能，掌握学习发展、环境适应、压力管理、情绪管理、自我管理、沟通技巧、问题解决、人际交往、抗挫能力、团队合作、坚强意志、自我效能感、热爱生命、体验成功等社会适应能力。

五、专业（课程）建设

根据课程内在的关联性，围绕促进学生身心健康发展这一核心点，打破原有的学科体系和课程壁垒，削枝强干，建立三位一体的课程体系。

第一，基础层次——核心课程。

（1）大学生心理健康教育，是集知识、体验和训练为一体的综合课程，具体从大学生的实际心理、生理发展特点出发，通过科学有效的心理教育方法，如课堂讲授、案例分析、小组讨论、心理测试、团体训练、情境表演、角色扮演、体验活动等，提高大学生整体心理素质水平。

（2）体育各类选项课程，武术、足球、散打、拳击、羽毛球、啦啦操、定向运动、校园排舞、跆拳道、跳绳、健美操、排球、篮球、气排球、游泳、乒乓球、篮球裁判、舞韵瑜伽等，是通过科学有效的体育教育活动，传授学生基础的体育卫生保健知识以及相应的体育运动技巧，促进学生整体身体素质的提升，并培养学生的终身体育意识和能力，以及心理素质教育的教育过程。该层次目标是不同学科实现各自的教学目标。

第二，延伸层次——延伸课程。

借助心理素质训练室和素质拓展户外基地两个省级基础课实验平台，挖掘教学资源，以学生受益为最终目标，研究学生的自身发展需求，开设更多的学生满意、受益一生的延伸课程。现已开设身心素质及潜能激发训练、爱与爱的能力训练、自我意识与生涯规划训练。在以上两个实验平台的基础上将建立完善大学生身心素质拓展仿真教学中心，构建虚拟仿真实验教学体系，该教学体系将最大化地实现心理教学和体育教学的融合，大约分三个层次。

（1）基础平台系列课程。这一层次是培养学生基本能力和基本素质的实验课程，主要在基础平台实验室实施户外拓展训练，培养学生的身心调适能力、沟通能力、身体素质拓展能力、社会适应能力等。课程包含的实验内容有：心理测验、情绪状态的生理反应、意志、记忆实验、交往心理、心理平衡、放松能力、气质类型测量、情绪宣泄的心理活动课程以及运动与体适能训练等。主要开设大学生职业自我效能感训练、大学生人际交往能力训练、大学生情商训练等课程。

（2）身心素质训练课程。这一层次是培养学生实际应用能力的实验课程，重点针对学生身体和心理上某种适应不良或行为偏差，进行矫治与预防，主要在各训练实验室实施。课程紧密围绕学生在学习、生活和工作等问题上出现的不适应问题，结合各学科专业应用性人才培养目标需要，深度训练培养学生的良好心理品质。课程包含的实验内容有：学习问题的团体疗法，学习障碍的团体训练，网瘾问题治疗系统，考试焦虑、睡眠焦虑、社交焦虑调控，恐惧症、强迫症、抑郁症的行为疗法，系统脱敏法，心理应激训练，体能拓展与体适能分析实验等。主要开设自我接纳团体训练等课程。

（3）创新拓展系列课程。这一层次是培养学生身心素质和综合能力以及创新精神的实验课程，主要课程在虚拟仿真实验室或平台实验室实施。创新拓展是以创新性为教学特点，重点培养学生发现和解决问题的能力。课程包含的实验内容有：肌体控制能力，危机处理能力，专注能力，语言理解能力，语言表达能力，自我再认知，形象思维、抽象思维、逻辑思维、推理思维、实践思维等多种思维能力训练，创新创造能力，自信心、习惯性格的养成实验。主要包含大学生创造力团体训练等课程。

第三，拓展层次——特色课程。

针对特殊学生开设运动与健康课程，打造适合的运动课程和增强自信、自强的心理课程；针对大学一年级新生的适应问题，打造体育与健康教育校本课程，即素质拓展课程。主要目标是通过一定运动量的身体活动使学生恢复体能，提高运动能力；通过集体活动促进新同学间沟通交往，建立对新学校新班级的熟悉度与信任感。针对运动员高强度的训练和竞技前的紧张心态开设减压训练、专注力训练等课程。

六、教研与科研

科研是教学的基础，是课堂上知识传授的背景，秉持以科研带动教学，以教学引导科研的教学科研相长的模式，坚持开展 2 周一次的主题教研活动，了解学科前沿和专业发展方向，开展教育与教学规律、人才培养模式、课程体系、教学内容、教学方法和手段等探究，积极鼓励教师参加学术研讨会和专业学习培训。借助社会心理研究所、运动健康研究所两个平台每年开展至少一次的研究和学术活动，不断提高科研水平，支持和鼓励教师参与项目和课题研究。近三年，"大学生身心健康与素质拓展虚拟仿真实验中心"获教育部第一批产学合作协同育人的"实践条件和实践基础建设"项目（高教司〔2018〕47 号），本项目是当批次体育类产学合作的唯一项目；"'竞技—群体—创业'循环式体育创业实训平台建设与实践"获批福建省"十三五"教育科学规划本科高校教改课题；"啦啦操"课程获批省级线上线下一流示范课程；《马尾船政遗址群定向越野虚拟仿真实验》获批省级虚拟仿真一流示范课程；"篮球"和"健身气功八段锦"获批校级课程思政示范课。以"全面健康、全人发展"为目标的融合式体育教学体系建构与实践身心健康相结合，加强教学改革力度，提高教学质量。目前我们正在着手探讨"自我接纳视角下的心理健康教育课程教学模式研究"，争取能够深刻领会学科性质，准确把握"促进大学生自我接纳"这一基本教学目标，创设一种可行、有效、合理的系统性教学模式，同时配设相应的主题课堂教学设计。

七、身心健康服务能力建设

教学团队与省市体育健身俱乐部以及社会团体建立了非常紧密的合作关系。我校与近10家健身俱乐部、企业及休闲小镇签订合作协议，为地方体育事业发展做出了应有的贡献。学校群体竞赛活动蓬勃开展，2014年荣获福建省第十四届运动会（大学生部）团体总分银奖。荣获国家体育总局颁发的"全国啦啦操实验高校"和"全国啦啦之星学校"的称号。学生体质健康工作水平明显提高。体质测评与科学运动相结合的课程体系创建以来，近三年来学生体质健康测试4.5万人，年合格率均达到90%以上。

经过三年建设，目前福建江夏学院已初步凝练出"虚拟仿真，智能监测；身心共育，资源共享；立足高校，服务社会"的中心特色。后续将进一步完善实验教学和研究条件，紧跟当前教学和研究的前沿技术，优化人才的培养。在满足自身相关学科实验教学需求的基础上，同时将逐步实现向社会开放，力争成为福建省内和国内实验教学的重要基地和交流示范的中心。同时将该教学体系开放服务于全校的学生干部培训、新教师的培训、毕业生就业前的培训等。

第二章　健康中国战略下
体育与美育融合的探索

　　随着我国改革开放和综合国力的提高，人民的生活水平和健康水平不断提升，体育越来越显示出其独特的功能和促进健康的价值。为了培养德、智、体、美、劳全面发展的社会主义建设者和接班人，中共中央办公厅、国务院办公厅印发了《关于全面加强和改进新时代学校体育工作的意见》和《关于全面加强和改进新时代学校美育工作的意见》。在习近平新时代中国特色社会主义思想指导下，坚持社会主义核心价值观，全面贯彻体育强国方针，将实现学校体育和学校美育的新高度作为发展目标，把实现培养学生全面发展和提高学生综合素质作为学校体育重要目标，在健康教育第一的理念下，帮助学生享受体育锻炼的乐趣，增强体质，提高人格修养，锤炼意志。

　　从互动的视角探讨高校体育与美育的融合发展，是高校体育从理念到实践的一次飞越。体育与美育均属于身心健康的文化范畴，属于德、智、体、美、劳五育并举的教育目标和任务之一。美是人类社会的发展动力之一，在体育教育领域加强美学探索，标志着体育教育破除以提高身体素质指标为唯一导向的藩篱，尊重学生个体对健康的追求和向往，使锻炼身体迈入审美境界。

学校体育与美育融合，需要"以学生为本"，以主动参与为倡导，以体育审美为吸引，采用专门化、艺术化、审美化的方式方法，在体育设施、活动形式以及思想表达中宣传体育与健康的意义。学校体育与美育融合将改变为了各类达标而"强制体育"的现象，去除体育刻板达标对学生心理的不利影响，努力使学生经历亲近体育、欣赏体育、参与体育的审美过程，成为终身体育爱好者和践行者。

第一节　美学与美育的概念简述

运动项目是体育课程的主要表现形式。大学体育课程习惯性地以运动项目命名，如"篮球课""排球课""足球课"等，每一项运动项目都由技术、规则、裁判、专项素质等专业知识建构而成。体育作为教育的工具有着极为丰富的内涵和功能。大学生在体育课程和体育锻炼中得到技术传授、体能锻炼、智力开发、情感宣泄、毅力和品德锤炼。然而，体育中蕴含的审美价值和意义，并未得到充分认识。

一、美与美学的发展

（一）美学的产生

人类在漫长的社会文化生活中逐渐产生了对美的主观直觉反应，即美感。伴随着对美和美感的不断认识，逐渐出现了一些作为人类审美意识集中表现的艺术以及相关的艺术理论。在古希腊的美学思想中，如柏拉图的《文艺对话集》、亚里士多德的《诗学》和《修辞学》都是建立在文艺实践的理论基础之上。没有古希腊神话、雕刻、史诗和悲剧的不断发展与繁荣，就不会诞生柏拉图、亚里士多德的美学思想。

美学作为一门独立的艺术理论研究的学科确立，学界通常以德国哲学家亚历山大·戈特利布·鲍姆嘉通（Alexander Gottlieb Baumgarten）在 1750 年出版的专著《美学》第一卷作为标志。这门新的学科叫作"Aesthetic"，是"感觉学"的意思。早期美学是把它作为一门哲学认识论而提出的。之后康德、黑格尔在其美学理论著作中继续沿用了这一用语。

美学的诞生，是从最初散见于各门学科的美学思想逐渐梳理整合而来。在西方"美学之父"鲍姆嘉通以前，美学理论思想广泛散见于西方社会学、哲学、伦理学、心理学、文艺学等论著中。中国古代儒家、道家、释家以及其他一些古代思想家的理论中也蕴含着丰富的美学思想，但这些美学思想只是形成美学学科的资料，还缺少关于美的专门研究，因此还不能称为美学学科。

在谈论美学学科形成溯源时，"美学之父"鲍姆嘉通从人类的心理活动知、情、意三个方面进行理性分析，发现在"知"和"意"这两个方面理论上有逻辑学和伦理学外，"情"还存在着明显的欠缺，即感性认识的学科还处于空缺。为此，他认为在哲学系统中必须把研究感性认识从逻辑学中分离，并将创立相对应的新学科。他在论文《关于诗的哲学默想录》中明确提出应建立一门以"感性认识的完善"作为研究对象的全新的学科，这门全新的学科便是美学。鲍姆嘉通认为美的研究范畴指的不是理性认识，而是凭感官认识。

康德在《判断力批判》中详细地阐述了什么是美，提出了关于审美鉴赏的四个契机，追问了审美是否可能并如何成为可能。康德四个契机的定义将审美是什么进行了较为彻底的论述。

康德认为"愉悦"是美的基础和重要表现要素，并分析了三种不同特性的愉悦：快适、美、善。康德认为"快适"是使人快乐的东西，"快适"的愉快与偏爱有关，是仅限于感官层面的快乐，感官判断在先，审美判断在后，如饥饿与食物、口渴与喝水的关系；"美"的愉快与惠爱有关，是客观存在与人的主观反应相结合产生的，审美判断在先，感官判断在后，如看到美丽鲜花产生愉悦；"善"是一种被尊重和被赞成的东西，善中的愉快与尊重有关，属于精神追求的审美，如得到荣誉和表彰等。三种愉快在共通感的作用下呈递进层次关系的审美表述。

从另一个角度看，美学学科的产生和形成与人类长期的卓有成效的艺术批评和艺术实践密不可分。在美学发展成为一门独立学科之前，它始终与艺术的研究和批评息息相关。直到哲学借助高度的理性思维把艺术作为它的研究对象之后，美学作为"艺术哲学"才同艺术的一般研究和批评区别开来，获得了学科意义上的独立性。此外，美学作为一门新学科的诞生，还有其他多种因素参与其中，如科学技术和生产力的发展等。

（二）美学的发展

美学作为一门新兴学科，在人类社会从物质向物质与精神协同发展的过程中逐渐展示出它存在的价值，展示着人们探索美和审美的活动。情感表达需要研究怎样利用美的自然和美的艺术来服务于社会，因此，哲学家们开启了对美的真谛的求知路程。

1. 美学研究对象的发展和研究范畴的扩大

美学学科诞生之前被叫作"艺术哲学"，被界定为哲学的分支学科，它的研究对象基本都与艺术相关。黑格尔在其《美学》中开宗明义地指出，其"所讨论的并非一般的美，而是艺术美"，因为他认为自然美是微不足道的。古典美学中以黑格尔为代表的德国哲学家都认为美学的研究对象属于艺术领域之美。艺术本身来源于生活来源于自然界，但早期西方古典美学在研究对象方面仍然存在着研究自然还是研究艺术相互矛盾的情形。英国美学家鲍桑葵在其著作《美学史》中也曾做出过这样的论述："美的艺术史是作为具体现象实际的审美意识历史。对美学理论的研究是对一种尊重和反映现实的哲学分析。"

随着审美实践活动的不断深入，美学的研究对象和研究范畴逐步涉及艺术之外的现实生活领域。别林斯基在他的著作中也肯定了现实美，指出："现实本身就是美的"。车尔尼雪夫斯基则直截了当地提出了"美是生活"的著名命题。这个命题既包括社会美，也包含自然美，而艺术美则是在社会美和自然美基础上的"加工创造"。别林斯基、车尔尼雪夫斯基排除了美学研究对象和研究范畴中艺术的唯一性。

20 世纪以来，随着科技的进步和应用美学的兴起，美学的研究对象不再只注重于艺术美和自然美，而是扩展到人类生活的各个方面，包括有形的物质世界和无形的思想世界。美学学科日新月异地发展，所含内容越来越广泛。

2. 美学研究方法及其方法论的发展

由于最早提出美学的是哲学家，所以美学研究方法由哲学方法论开始，再向科学方法论或具体方法论衍化。无论是柏拉图的"理念"、亚里士多德的"摹仿"，还是莱布尼兹的"预定和谐"、黑格尔的"绝对精神"，均为思想理性层面的探索。德国实验美学的创始人费希纳首先把实验的方法运用于美学研究。此后，西方开始普遍使用科学和心理学对美学进行研究。美学研究方法有了多样性，哲学方法、实验方法、现象学研究、结构主义研究等，这些研究由最初哲学的本体论向抽象学说转变，使美学的"玄学"味淡化，提高了美学学科的生动感和新鲜感。

中国古代美学中也已经有"美在和谐"的思想。例如在《左传·昭公·昭公十二年》中提出"和"的范畴，追求各种对立相反因素的自然统一，如音乐中的清浊、大小、短长、疾徐、刚柔等的相反相成。但美学作为一门学科，中国儒家所提倡的"仁"、道家所推崇的"道"、释家的"空"、理学家的"心""理"以及各家皆用的"天人合一"观等，实际上也是先验性、思辨性的出发点。伴随实验心理学的发展而诞生的实验美学，使美学研究方法从先验理性逻辑走向现实实践，需要在不断清晰其观念，完善其意图的情况下才能得以发展，应用范畴才能够越来越广。

3. 美学学科自身系统的发展

随着美学研究对象、研究方法的不断发展，以现代科学技术介入的有着现代社会审美要求的美学学科，在汲取其他学科知识的同时自身理论得到丰富并快速发展。这种自身系统性的发展主要表现在以下两个方面：一是美学学科的交互性不断扩大。各类美学在交互中出现了新交叉学科，如体育美学、心理美学、文艺美学、社会美学、伦理美学、音乐美学、绘画美学、戏剧美学、电影美学、建设美学、技术美学、医学美学、军事美学乃至服务美学等。二是其研究对象越来越精细。以体育美学为例，它可以细化为更专门化的美学学科，如运动场地美学、运动服装美学、体育品德美学等。追求美是人类在满足生存的必然需求之后产生的需求。美学的发展是实现人的全面发展的必备要求，是达成更高社会文明的重要标志。

爱因斯坦曾这样说："一门科学给人们留下的印象愈深，它的前提就愈简单；涉及的事物愈多，其应用范围就愈广。"美学学科正是在不断提高其观念，完善其意图的情况下得以发展的。

二、美育及其主要特征

从理论形态上来看，美学是现代人类社会审美实践活动的一种概括和总结，而美育是运用传统美学原理在教育教学方面的一种具体实践。美学研究处于应用哲学理论层面，属于基础理论研究范畴；美育研究处于应用科学技术层面，属于应用美学理论范畴。美学是美育的母系支柱学科，美育是美学的重要分支学科，美育与美学是相互关联而不同的两门学科。由于它们之间存在区别性和相关性，在开展美育教学之前我们除必须正确认识教育、教学的发展规律和特点，还必须充分认识美学、美育及它们之间的相互关系。蔡元培被誉为中国的美育之父，他认为美育就是通过美学的相关理论知识开展教育活动。2020 年中共中央办公厅、国务院办公厅印发《关于全面加强和改进新时代学校美育工作的意见》。此意见指出，美育是审美教育、情操教育、心灵教育，也是丰富想象力和培养创新意识的教育。

（一）美育的界定

美育亦被称为"审美美育""艺术教育"或称"美感教育""情感教育"，这些说法各从不同角度概括了美育的性质、特征和功能。德国诗人、美学家席勒第一次在美学史上提出了比较系统和全面的美育理论。他在其著名的《美育书简》（也译为《审美教育书简》）中，从"完满人性"的角度系统而深刻地阐述了美育。他认为人与动物的区别，在于人具有特有的复杂思想。"人的人格"代表着人看待事物的世界观，看待自我的价值观，看待生活的人生观。这种思想使人区别于动物的感性冲动，造就了人性和人性的理想境界，形成完满的人的感性冲动和理性冲动的和谐统一。但是这种和谐统一可以选择通过"游戏"这一后天的第三种力量或冲动形式来实现。"游戏"是融合了感性和理性而形成的一种审美状态。这种审美状态由美的天性引导，介于法则与需要之间的一种恰到好处的中间位置，从而达到"完满人性"。"如果要把人变为理性的人，唯一的途径就是先使他成为审美的人"。美育就是培养守规则、敬人性、身心灵自由统一的"完满人性"的一种教育，使人成为"审美的人"的教育。

当然，所谓"完满人性，或完全之人物"在今天通俗地说就是成为一个全面发展的人。全面发展的人的培养应该多种教育并重，既离不开美育，也不能单单靠美育，需要借助美育实施的途径与办法，以及美育的规律、特点、内容、形式，使美育与多种教育相辅相成。

在中国近代教育史上，王国维是最早提出培养"完全之人物"教育目标的人。1906 年，王国维所著《论教育之宗旨》一文首次提出"美育"一词，他认为教育的宗旨在于通过"体育"和"心育"（包括智育、德育和美育）培养"完全之人物"，将美育定义为："美育者一面使人之情感发达，以达完满之域；一面又为德育与智育之手段"。王国维从培养"完全之人物"的角度出发去定义美育，并看到美育与德育之间的相互关系是值得肯定的。蔡元培对美育定义与王国维相类似但更简明："美育者，应用美学之理论于教育，以陶养感情为目的者也。"蔡元培对美育的定义不仅强调了美育在情感陶冶方面的效果，还把美育认为是一种独立的教育形式。这一理论对于美育的实践极为重要，对美育作为理论学科的建设极具指导意义。

（二）美育的主要特征

概述美育主要特征，首先要识别美育与其他教育形式的关系，发现美育的文化教育意义。美育与其他教育形式之间时常处于相互融合的状态。就拿美育和德育来说，它们都是作用于人的心灵，都着重于人性、人格的修养，但美育顾名思义着重于人的情感审美和心理审美，而德育着重于人的意志行为的优化、提升和伦理道德修养，它们之间的相互关系应该是美辅德、立德、化德。同时，还可以宣扬美德。德育有美育作为基础而润化人心，减少大话官话的生硬性；美育因德育而更有内涵，正气向上；美德使人的心灵充实、情感纯正。美育和智育的关系同样密切：美育着重于人的情感教育，非智力因素的教育，其目的是帮助学生鉴别世间美丑形态，有助于提高人的认识能力和创造能力；而智育指的是提升教育对象的智慧水平和科技能力。美育和智育两者间的相互关系是以美启智、助智，而智能促进美的意识和能力的长进。智育因美育而使人聪颖敏慧，美育因智育而使人明快空灵。在美育与体育的关系中，也有以美养体，以健成美，以美和群，以群促美的互动作用。因此，对于美育的界定就不单是作为一种教育的实践活动来定义，同时也要将其作为一种美学与教育学交叉而成的应用理论学科来界定。可以将美育作狭义和广义两种界定：狭义的美育通常被人们称为审美教育，是以陶冶人的情感，培养人的审美能力为目的；而广义的美育指的是通过对美学理论和美的现象的概括和总结，以培养人爱美、审美、创造美的素养及能力，便形成了美育科学，称为美育学。

审美能力的培养在教育体系中占有重要的地位，健康的审美认识对于陶冶情操，培养全面发展的高素质人才，具有重要的作用。当今社会，审美能力已逐渐成为衡量人的综合素质的重要指标。

这就要求我们要认真地研究美育的基本理论，更好地应用美学理论实施美育教化。审美能力的培养在教育体系中占有重要的地位，对于培养全面发展的高素质人才具有重要的作用。

第二节　体育美学的历史发展、理论基础及价值意蕴

体育是人类社会的历史产物，是人类有意识地按照自己的目标改造身体、服务社会的活动。体育美学具有社会美、人文美、技术美的特点。体育美学是把人的思想感情和美的意志通过肢体动作，表现出来的一种特殊艺术。伴随着人类的发展及体育形态的增多，体育美学的领域便逐渐扩大。人类对于体育的审美要求

日益丰富，人们的审美能力也日渐提高。

一、体育美学的历史发展

（一）古代体育美学的萌芽

希腊人的体育美学思想代表如哲学家德谟克利特、苏格拉底、柏拉图、亚里士多德等均认为身体美为人生所需要。古希腊广泛开展身体运动和竞技，青年人大半时间都在健身场上角斗、跳跃、拳击、赛跑、掷铁饼，目的是要练成一个最结实、最轻灵、最健美的身体。身心和谐发展形成了古希腊人对体育美学的概念：健康的头脑需要健康的身体。在古希腊，人们认为理想不仅是一种思维方式，还包括健康的身体，即身体发育得很好，体形优美，强壮而擅长各种各样的运动。

雅典人们向往体育美。雅典 7 至 14 岁的男孩进入体操学校，学习体操和游戏。12 岁时，他们开始接受更正式的体育训练，有赛跑、跳远、投标枪、掷铁饼和摔跤 5 项运动，此外还有游戏和舞蹈。古希腊、雅典式的体育审美观在其雕塑中得到了充分的体现，这些雕塑都有强壮的躯干，充满强烈的力量感，见图 2-1、2-2。

我国春秋末期的思想家、教育家孔子推崇"六艺"（即礼、乐、射、御、书、数），其中，射指射箭，御指驾车，都可视为体育运动的一种。孔子之所以重视"六艺"，是因为他发现通过射击、驾车等的练习，可使学生从客观世界的规律中获得自由的身心。战国时期的哲学家庄子也非常重视体育美学，他强调个人的身心全面发展。古人的体育美学观念至今仍有积极的意义。

图 2-1　希腊体育雕塑

图 2-2　掷铁饼者——希腊体育雕塑

（二）近代体育美学的发展

在西方，近代体育美学是随着资本主义的产生、发展而逐渐兴起的。资产阶级思想家和教育家强烈抨击封建的禁欲主义，提倡人的价值和尊严，提出了"灵魂和肉体的统一"的思想并强调均衡发展和健康美体。他们继承了古希腊体育，特别是雅典体育，注重人的身心和谐发展，注重匀称健康的身体形态，采用多种体育形式和优美的技术动作，从而形成了丰富的审美理念。其代表人物有夸美纽斯。他主张的体育美学思想有：强调人的身心和谐发展，提出人必须适应大自然；人的生长、发育以及儿童从事游戏和运动，是一种自然的本性，是受一种内发的力量所驱使，也就是说它是自然的产物；只需尽量地顺应自然，身体就会逐渐地不知不觉地自然生长，并且变得强壮；强调人的力量是自然的需要，人要健康、强壮就得运动。法国哲学家、思想家卢梭认为体育教学必须遵循自然规律。其根据孩子的兴趣组织体育活动、体育游戏等理念包含着深刻的体育美学教育见解。

中国现代教育家、美学家蔡元培在教学中始终以培养健全的人格为己任。他认为随着社会的发展和文明的进步，体育将从宗教的包袱中解脱出来，并逐渐独立，承担起学生强身健体的任务。他强调必须特别注意美的体育作用，认为"游戏，美育也，体操者，一方以健康为目的，一方实以身体为美的形式之发展，希腊雕塑家之所以成空前绝后之美，即源于此"。蔡元培提出游戏、体操是美育的观点，是很有见地的，他开始把体育项目作为

73

审美对象，并且认识到体操对人体的健康美及人体的形式美的作用。蔡元培还积极倡导在体育中实施审美教育，"健全的精神，寓于健全的身体，体育要发达学生的身体，振作学生的精神，若体育只求个人的胜利便失去了体育的价值了"，"开运动会和竞技等，因变化常态而添兴趣是很好的"。从这里我们可以看出，蔡元培的体育美学思想的核心是为了培养身心健全和富有感情的人。

1917年，毛泽东在《新青年》上发表的《体育之研究》一文中，也提到体育运动能使人在了解和掌握规律的基础上实现人格全面、均衡发展。换言之，只有合目的性和合规律性的统一，才能有身心的健美。他指出："体育者，人类自其养身之道，使身体平均发展，而有规律次序之可言者也"，强调体育的审美教育功能是"调盛情""强意志"。随着体育审美意识的加强，范围的扩大，人们的审美要求以及审美能力也日渐提高。

二、体育美学的理论基础

现代社会，体育已经成为人们健康生活方式中不可或缺的一部分。人们在体育活动中对体育美学的认识越来越深刻、越来越系统。现代学者用美学理论来研究体育运动中展现出的各种美，然后构建体育美学体系，并相继发表学术成果，凸显了对体育及其相关领域研究的日益深入。有些学者认为，体育美、自然美和艺术美有区别也有共同的审美区间，因此，体育美虽然具有独立的创造和观赏价值，但无法脱离自然和艺术。还有一部分学者深入研究体育具象美，如专门讨论滑雪、体操、足球、团体体操、篮球、摔跤等运动项目的美，跳水运动员动作的干净利落之美，搏击运动员在搏击中的敏捷、勇敢、顽强、坚韧之美等，把体育美进行项目细化研究，通过总结每个运动项目的个性特征美来分析其审美价值。总体来看，现代体育美学作为一种应用型的学科融合教育手段，能够充分地发挥体育和美育的优势，从而在培养人全面发展、提高运动技能水平方面起到积极促进作用。这是体育美学在实际运用中的一个突出特点。

随着国家对学校体育和美育教育的重视，体育美学成为体育教学由指标体系、竞技成绩体系向身心健康发展的重要抓手。体育从审美不仅有利于大力开展体育运动，而且在体育运动中还能积极促进运动技术科学性和审美性。体育美学的研究突出了运动技术和运动行为的美感，推动了广大学生从"要我运动"到"我要运动"的态度改变，促进了大众进行体育锻炼和运动训练。

国内体育美学作为独立的研究领域虽然已有几十年的历史，但仍然以借鉴国外体育美学研究成果为主。欧美和日本在体育美学研究方面有着丰硕成果，对我国体育美学思想的形成有着直接的影响。关于体育美学研究领域的理论基础，其主要观点有如下几类。

（一）身体美学论

美国心理学家舒斯特曼的《身体意识和身体美学》对我国相关研究有较大影响。舒斯特曼的观点是，如果西方哲学继续致力于履行"认识你自己"的格言，那么就应该做到认识自己的身体自我、身体感知和身体行为。他认为"身体"与"肉体"有着本质的区别，身体是富有生命活力和情感、敏锐而有目的取向的，而肉体是单纯由骨肉聚集的物质。他通过积极的身体训练方法进行身体美学研究，探讨改良和培养人们的身体意识。舒斯特曼的理论所指向的是关注身体发展的身心体验以及有益于身心健康的审美培育。

（二）体育审美文化论

该理论以康德审美鉴赏为理论依据，力图突破认识论阐释，认为审美既不是客观的，也不是主观的，而是"主观表象为客观"，是"以客观表象的形式表现出来的主观普遍性"。提出审美是超主客关系统一论，以"物我一体"思维方式关注人在体育运动学习中的美，追求人与运动融合。认为"物我一体"或"物我两忘"将成为体育审美文化论，追求现实状态与精神境界的融合。

（三）体育美学系统论

其研究切入点主要以身体美和运动美为审美研究对象，从客观角度分析体育美，包括人的形体健美、运动项目表征形式美、体育竞赛欣赏与审美等。体育存在美的功能性研究，这类研究至今仍在体育美学研究中占较大的比重，如健美操、瑜伽、体育舞蹈等形体和动作对审美的阐释。

综上，国内体育美学的理论研究归纳为身体与身体意识的审美研究、身体与思维统一的审美研究，以及身体与运动技术融合的审美研究。随着体育美学的广泛应用，其理论将得到可持续发展。

三、体育美学的价值意蕴

（一）学校体育美学现状

从体育审美角度来看，竞技运动容易让人感受到美。运动员的健硕形体或柔美身姿，优美动作和竞技难度等都令人赞叹。一些体育赛事更具有万人空巷的魅力，竞技运动的瞬间摄影画面也显示出强大的审美价值。但由于体育技术具有一定难度，使得大学生在锻炼过程中会遇到许多困难，如"跑不动、跳不高、投不远、动作别扭"等。倘若我们以运动员体形和规范技术的标准来审视学生体育学习，则难以发现美。因此学校体育活动中如何挖掘美的素材，寻找体育与美学之间的关联性，成为体育美学探索的重要内容。胡小明在其主编《体育美学》中认为：从美学关系上去认识体育，是从至高境界把握体育的方式，是构建体育理想的必经之路。

由于学校体育以实用为主，久而久之学生体育活动审美被忽略。几十年来我们很少去发现和追求体育锻炼的美的元素，只一味从功能角度来讲述体育地位和作用，体育仅仅被视为强身健体的"有用"工具，而学生则是被迫的使用者，二者无法寻找到

"情与愿"的审美契合点。这也是体育教育从幼儿到大学一直成效有限的原因之一。

目前，为了达到体质测试的指标，每堂课学生被要求绕圈跑，这种"被动体育"不是不能使用，但不能被简单重复使用，需要考虑学生心理对"无趣"的承受力。学生为了得到必修课的分数，而不得不参加"学分体育"，这被称之为应付性体育。这种缺乏热情的应付性体育，必然随着体育课程结束而结束。如果体育教育的结果将运动享受变成运动负担，厌倦替代乐趣，学生学分得到后就不再运动了。那么，体育课哪怕体系结构再完整、实用性再强，也难以培养出具有终生体育意愿的爱好者。成人以后不再从事体育活动者，多是因为没有体验到体育乐趣。虽然我国体育美学理论在借鉴国外成果的基础上已经构建了独立的学术体系，但在学校体育实践过程中，其运用范围仍然有限，尤其是学生的体育乐趣长期被忽略。在中国知网期刊检索"学校体育乐趣"为主题的文章，近 30 年来（1991—2019）仅 45 篇，研究数量极少。同样，中国知网检索期刊文献，在"主题"栏中输入"学校体育审美"，30 年（1987—2018）来收集文献仅 47 篇，与体育乐趣一样，研究文章较少。可见体育审美和体育乐趣理论与实践均长期处于被忽略的状态。这主要是受到"实用"体育的影响，认为体育美学不像掌握体育技术和锻炼手段那样能在实践中直接产生运用效果。学校体育乐趣迷失的原因，很大程度是缺乏体育审美意识和缺少审美理念。

习近平总书记在 2018 年教育工作会议上提出帮助学生在体育

锻炼中寻找乐趣、增强体质、健全人格、锤炼意志。促使我们静心思考为什么"寻找乐趣"是首位？什么才是体育乐趣？事实上直至今日我们仍然没能弄懂体育乐趣的内涵。一些观点认为"乐趣是好玩""乐趣是游戏"，是与思想意识不相干的玩意而已，仍然把热情和关注保留在体育为增强体质和锻炼意志上，存在着一种关于体育功能作用的惯性思维。这一现象表明了一个问题，我们在体育教学中对人"喜欢嬉戏"的天性忽略了。西方哲学家康德、席勒及中国古代哲学家庄子等对游戏都有各自的阐述，他们认为"游戏"是寻找人的"自由"；"游戏"是对某个闲置能力的练习；人只有在游戏中才是完全的人。这些思想的阐述都支持着学校体育寻找乐趣，追求体育自由。

大学生正处于身体发育期，他们并未认识到体育对促进身心健康的重要作用，对于青少年来说体育健身的重要性远不如追求乐趣和自由重要。长期以来我们把受教育者的心智视为一块"白板"，教育和教学的任务就是在"白板"上留下自认为有用的知识。理解学生心理和从学生的需求出发，成为学校体育美学思考的重要内容。体育课需要以乐趣引导学生向往自由和创新的境界，开启身体与心智协同发展的教学改革新局面。

（二）体育美育的意义和价值

学校体育要达到全面健康和身心协同发展的高标准，还需在体育教育实施全过程中，将审美知识融入体育教学，构建体育与美学融合的体育美学。体育与美学融合的重要特点是以"体育美"吸引大学生，以"爱体育"作为锻炼的基础。产生"爱体育"的情感，是"被动体育"转向"主动体育"的重要条件。这样的体育对学生的影响才会深远，并使学生能够终生享受。

心理学研究发现，爱好是人最为重要的行为动机之一，培养学生体育爱好是学校体育教学改革的难点。《现代汉语词典》对"爱"的解释之一就是"对人或事物有很深的感情"。高校体育教育改革重要目标之一是从心理层面探索和研究大学生体育情感问题。体育审美和体育时尚可以吸引大学生爱好体育。因此，凡是能够引起审美情感，以及爱、喜欢、自愿等主动性的感受体验的方式方法，均可作为体育改革去尝试。体育与美学融合有益于寻找到能够激发学生由审美情感到爱的过程，帮助大学生在体育中享受乐趣，打造由美和爱浸润身心的体育，促使体育教育迈向美好的境界。

审美要求课堂具备更加规范的条件，如师生运动着装、场地适宜选择、器材设备完整、课堂练习和课堂组织优化等，这些审美标准同时也是打造高质量课堂的重要元素，能给学生提供良好体育视觉享受和审美教育。从审美层面上要求教师根据学生的身心特点，选择教学方法，精心策划和组织练习，培养学生追求自由和个性的审美精神。审美教学要求教师更多地通过表扬和肯定表现积极的学生，鼓励并帮助动作完成较慢的学生，增加学生完成动作的信心和勇气，让学生在轻松愉快的环境中锻炼身体，充分愉悦地享受体育。

体育教师不仅要有健康美、形体美、动作美的一面，而且要通过身体的姿势或姿态来表现精神美和心灵美。体育教师的课堂语言、动作示范等肢体语言必须具有美感。教师在体育课堂上的激情活力感染和影响着学生，使学生在不知不觉中享受体育美、模仿技术美。教师必须有意识引导学生认识体育美，鼓励学生创新体育美。

体育和美育具有其他学科不可替代的育人功能，特别在身心健康层面是不可或缺的课程。但由于学校存在着"有用知识"和"无用知识"的潜在功利思想，所以在课程教学时数上偏重专业课程，对于公共课程有减少压缩的倾向，表现为开课不足甚至没开课等情况，以至于体育与美学教育仍然是学校教育的短板学科。在新时代体育健康促进思想的推动下，高校体育应率先与健康中国的国家战略发展同步迈进，对体育教育理念应进行与时俱进的创新和探索，从追求健身的"实用"价值转向全面发展。这也符合大学生群体追求美的集体意识。高校体育这一理念的转变将帮助大学生感受和享受体育乐趣。首先是引导学生建立起体育审美的思维方法，在运动中发现体育美，以欣赏的心态接受体育。其次是体育美学研究者必须扩大体育美学实践运用研究，深化和丰富体育美学在实践中的成果。体育美学只有将体育审美与实践相结合才具有生命力，才能提高教学质量并在健康促进作用中起到指导和引领的效果。加强体育和美育"两育"教育是构建德、智、体、美、劳全面发展的教育体系的基础性工程，应将"两育"作为培养学生爱国主义、集体主义、社会主义精神和奋发向上、顽强拼搏的意志品质的重要手段，实现以体育智、以体育心的独特功能，相信体育美学的育人意义和价值在新时代体育教育中会更加重要。

第三节　学校体育美学要素挖掘

一、体育课堂美学要素

（一）教师形象之美

教师是"人类灵魂工程师"，体育教师是美的传播者。体育教师的仪表美表现为着装整洁大方和精神面貌健康积极。体育老师要提高内在的审美修养，按照审美的规律塑造自己，做学生美的表率与榜样。课堂体育老师着运动服装、穿运动鞋是以师为表的表现，是培养学生尊重体育，预防运动伤害，感受运动审美的意识和行为习惯。同样，在体育课堂上，教师言行举止大方、示范动作规范，娴熟的动作和匀称的体态均能在课堂上使学生感受到优美、富有青春活力的气息。学生从教师熟练优美的技术中得到美的熏陶，激发出学习热情，从而提高教学质量。在审美教育中教师通过自身的行为举止、现场讲解示范等直观教学潜移默化地影响学生。

图 2-3　体育教师形态美

（二）课堂组织美

课堂纪律是教师和学生在课堂中应共同遵守的行为准则，是把体育教学中必须遵循的要求和措施加以规范化和制度化。通过准备部分、点名、队列练习等课堂常规，培养学生严格遵守纪律的良好习惯；课程结束后使学生通过归还器材，整理场地，等方式养成热爱劳动和爱护公物的良好品德。教师严格执行课堂常规，不但可以保证体育教学的顺利进行，也是对学生进行严格执行各项规章制度的教育全过程，从而使体育课堂达到整体美的效果。

学校体育不能以个体竞技的技术标准作为审美标准，特别是体育课审美，要以研究群体氛围和群体表现为重要指标。乐趣是课堂审美不可忽略的指标，学生表情愉悦、积极热情投入运动的行为，或是认真执行课堂任务，或是克服困难的坚定表情，甚至是欢笑与叫喊等均可作为审美标准之一。

图 2-4　体育教学规范美

图 2-5　技术动作标准美

二、体育服装美学要素

（一）运动服装的要求

时代的发展和科技的进步，以及大众生活水平的提高，都带动了服装产业的发展。随着体育多元化思潮的兴起，体育运动项目的繁荣发展，体育服装向国际化和高科技化飞速发展，大众对于体育服装审美的关注与热衷也越来越高。奥运会是目前世界上最受瞩目、影响力最大的体育盛会。奥运赛场上各国运动健儿们全力以赴，为国争光。在体育竞技之外，运动员的服装能展现出其良好的精神风貌，体现国家特色，也代表着一个国家的形象。因此，各个国家都特别注重体育运动服装的设计，其中服装的颜色、材料、款式、工艺等都需要仔细、反复地考量。

运动服装的功能性，是服装设计时首先要考虑的因素。通过高科技以及面料的使用能够达到减少运动阻力、提高运动成绩的作用。运动项目的特殊要求决定着运动服应该最大限度地为运动员所从事的项目提供便利。设计科学、合理的运动服，可以提高运动员技术水平的发挥，如对于短跑运动员来说，用莱克拉弹性纤维纱和绸子制成的比赛服，可以减少空气阻力，因为对于短跑运动员来说百分之一秒的提高对成绩的影响都是至关重要的。泳衣的设计要尽可能减小水的阻力，摔跤服要能承受猛力地撕扯，而体操服则需要展现运动员曼妙的身姿。为了使运动员穿着舒适，服装的款式设计也极其重要，因此设计时要充分考虑服装的轻便性、减少摩擦。为了便于活动，一些设计师会在活动的部位采取特殊的剪裁方式，例如在肘部、膝部预制关节弧状，腋下预制褶皱等等。随着体育职业化、商业化的不断深入，以及运动员的明星效应，体育产业在世界范围内得到飞速发展，新款式的体育服装，在很短的时间内就能流行开来。

色彩是现代运动审美中很重要的元素，运动服装应注重色彩的选择和搭配。通常色彩是服装给人的第一感觉，其次才是款式、面料和工艺等。在足球、篮球等项目上，双方运动员的服装、球袜都有鲜明的色彩区别。而花样滑冰、艺术体操等项目，常用不同的色彩将服装装点得动感、靓丽，在显示运动员健美身材的同时，也带给人无限的美感。设计师通常利用色彩的冷暖，色块的轻重、扩张收缩感来展现运动项目的节律美和形体美，用色彩将精神层面、运动层面以及视觉层面融为一体，让观众产生共鸣。以 2008 年北京奥运会中国代表队队服为例，红色和黄色是最具中国特色的颜色，代表着喜庆和吉祥，象征着胜利与荣耀，同时也是中国国旗的颜色。因此，中国代表队选取红色作为服装的主色调，再搭配黄色祥云，寓意吉祥顺利。

同样，美国体育运动队服装色彩也有经典寓意。以中国人熟悉的火箭队作为案例，可以看到色彩在美国职业篮球联赛（NBA）球队的重要性。2002 年姚明以状元签被火箭队选中。火箭队同中国篮球界交流日趋密切，火箭队也很快在中国家喻户晓。火箭队早期的主场在圣地亚哥，当时的火箭队服装色彩中绿色和金色相间，绿色比较贴近于军工绿，也比较贴近圣地亚哥盛产的鳄梨的颜色，所以球队服装主体是绿色，并非现在的红色。当时球衣的颜色和"火箭"队名的选择都是为了展示圣地亚哥发达的太空工业，球队与城市主要工业品牌相互衬托。火箭队搬迁到休斯敦之后，马上发布了自己金色和红色相间的球衣和球队图标，红色代表着得克萨斯人民热情、狂野和奔放的性格。火箭队在色彩选择上再次体现了队伍身处的城市所特有的颜色。火箭队一度采用过深蓝和红色相间的球衣，还身穿这款球衣拿到总冠军。由于火箭队拥有众多的中国球迷，中国红在火箭队中的地位越来越重要，终于成为球迷对火箭队的唯一色彩印象。在 NBA 赛场上，对于很多球迷来说，球队名字毫无疑问是重要的，但是能够代表球队的不仅仅是队名，同时被人们记住的还有球队的 LOGO、服装以及色彩。一支球队一般情况下常有 3—5 种代表颜色，其中最具代表的颜色为主色调。比如被称为紫金军团的洛杉矶湖人队，被称为绿军的波士顿凯尔特人队，还有代表休斯敦火箭队和芝加哥公牛队的红色，代表马刺队的黑白两色，已经深入人心。各个运动队的颜色与球队文化存在着相互表达的关系。

运动服装的材质发展，经历了由纯天然的纤维织物到化学纤维织物、再到混合纤维织物的过程。随着科技的进步，各种新型高功能纤维织物应运而生。目前市面上广泛使用的体育服装材质有 COOLMAX 系列纤维、GORE-TEX 系列纤维、莱卡、Cosmopion、新型天然纤维等。例如，COOLMAX 面料具有吸湿、排汗、透气性强的特点，可将汗湿传输到面料表面迅速蒸发，使皮肤保持干爽和舒适，有助于降低皮肤表面温度和运动时的心率，并提供良好的温度调节性。体育服装更多体现的是一种时代精神，比如材质集中地反映出一个时代的新材料、新工艺、新技术的发展情况。人们通过视觉和触觉可以对服装材质的光泽、粗细、厚薄、软硬等有直观的感知，感受其中所体现的材质美。

随着经济全球化的发展，人们对体育服装也提出了新的要求。电视传媒、数字技术以及体育明星文化的发展，使体育成为大众生活的一部分。体育服装成为大众对体育活动观赏的延续。体育服装不再仅仅是运动时的穿着，同时还能表现出自己的特色。近年来，体育事业的蓬勃发展，推动了体育服装产业的发展，大众对于体育的热情促进了体育服装的畅销。总体来说，现代运动服装的时装时代已经到来，运动服装在许多非运动场合也已成为体现活力和魅力的时尚代表。

在运动赛场上，出现了时尚休闲服装的潮流，许多运动员已经开始倾向自主选择服装的款式，突显自身独特的个性。如美国短跑名将格里菲斯·乔伊纳，因其色彩艳丽的比赛服和独具特色的五颜六色的长指甲，获得了"花蝴蝶"的美誉。

目前，女子体育服装无论是设计还是款式都十分注重女性群体的特质。这些服装不仅符合技术层面的要求，还会采纳运动员的意见和建议，更多地体现运动项目和运动员个人的风格。例如中国女排在更换队服时，很多运动员都参与其中，集思广益。这种运动员的广泛参与，使得体育服装的发展更加个性化和人性化。

福建江夏学院啦啦操服的设计就考虑了艺术体操的表演效果。衣服上面的亮光钻片可以让服装在运动过程中灵动、闪耀，增加美感；主体部分用氨纶和网袖构成，材质轻盈，利于展示啦啦操动作特征；绿色裙边搭配让整体更加清晰，避开与其他代表队撞色，森林绿为主体与赛场上的其他服装形成对比；连体款式能让运动员整体感觉更加修长。

图 2-6　福建江夏学院啦啦操队所展现的服装美

运动服装演变过程与社会政治、经济、文化、科学技术和历史等紧密相连。不同风格的服装能彰显出不同的文化氛围，体育服装的设计更多要兼顾本国文化和审美特征，在这种理念指导下设计出来的衣服，能更好地彰显出运动美。

（二）体育课堂师生服装要求

运动服装作为体育运动的一种有效载体，对运动的传播、普及和发展有着积极的促进作用。就学生来说，穿什么样的服装上体育课对学习效果及上课的精神面貌有着很大影响。

1. 体育教师的服装要求

体育教学提倡的是以学生为主体，充分发挥教师的主导作用。体育教学的主要特点是师生互动，因此体育教师，在言传的同时，还要做到身教，一言一行都要起到表率作用。从着装和仪表方面来看，体育教师上课穿着运动服，朴素大方且富有美感，给人以阳光和活力，还便于教学示范。由于体育项目类别众多，不同的体育运动项目有不同的服装要求，体育教师根据个人喜好和所教项目的特点。穿着不同风格的运动服装能够直观地展示出不同体育项目的风采，也能够通过运动服装提高体育教师的气质。此外，体育教师的着装还能为学生树立榜样标准，体育教师有责任通过运动服饰向学生展示职业着装的意义。

2. 学生的服装要求

体育课要求学生穿着运动服、运动鞋，仪表端庄、举止文明，具备良好的身体姿态和精神面貌。这是学生上体育课的基本要求，只有这样，才能保障体育课堂的教学质量，有助于提高学生的身体素质。上体育课穿着运动服，不仅能提高运动效果，而且能有效地避免运动损伤，增加同学们上课的投入程度，增加运动欲望，促进注意力的集中，进而从运动中体会美。绝对不允许学生穿牛仔裤上体育课。如果真有学生穿不适合的服装上体育课，体育老师应要求其更换合适的服装。学生如果因此逃避体育课，会影响最终的体育课成绩。体育课的成绩与学生的奖学金、评优等息息相关。正是因为学校对体育活动的高度重视与大力支持，大学生从踏入大学校园开始，就能感受到浓厚的体育氛围，会很快就认同并投入到这样一种体育校园文化中。即便有些学生在中小学阶段没有养成很好的运动习惯，也会慢慢地被这种体育校园文化同化。

三、体育场地的美学要素

（一）国内体育场地与设施情况

从收集到的篮球场照片来分析，我国篮球场近年来地面材质发生了变化：40 年前国内篮球多数为土质和水泥两种场地，场地色彩为纯粹的土黄色或水泥灰；近 30 年由于沥青透水功能比较好，有些场地使用了沥青材质；近 20 年来在水泥和沥青的面层增加了丙烯酸和塑胶（PU）敷设，使地面弹性增加，一定程度上保护了运动参与者的膝关节。但色彩基本由红色和绿色组成，黑色、蓝色偶尔有，色彩没有在产品迭代中受到应有的重视。

图 2-7　40 年前土质篮球场

图 2-8 20 年前水泥篮球场

图 2-9 当前木质篮球场

图 2-10　当前塑胶篮球场

（二）国外街头篮球场情况

以街头篮球和 NBA 篮球场地为例，由于街头篮球不受专业比赛限制，代表着街头休闲文化，色彩更为丰富和富有创意，成为吸引青少年走向篮球运动的重要因素之一。

图 2-11　街头篮球场 1

图 2-12 街头篮球场 2

图 2-13 街头篮球场 3

图 2-14　街头篮球场 4

对于 NBA 球队来说，色彩是文化的象征。我们发现，除了球队服装代表色之外，美国 NBA 在场地建设上也充分考虑了环境美。所有队伍的主场都嵌入自己的球队文化，场地与队名、LOGO、服装等，有着自己文化的图形色彩表现。

根据 2019 年国家全国体育运动场地普查情况统计，截至 2019 年年底，全国体育场地共 354.44 万个，体育场地面积共 29.17 亿平方米，人均场地面积为 2.08 平方米。从运动项目类型看，篮球场地 97.48 万个，全民健身路径 82.35 万个，乒乓球场地 80.56 万个，位居各类体育场地数量前三位。其他项目方面，健身步道 7.68 万个（17.93 万公里），足球场为 10.53 万个，排球场地 8.77 万个，羽毛球场地 19.06 万个，全国冰雪场地达到 1520 个，其中滑雪场地 644 个，滑冰场地 876 个。近年来在《全民健身规划纲要》《"健康中国 2030"规划纲要》以及《中国足球中长期发展规划（2016—2050）》等精神指导下，全国每年体育运动场地新增迅速。但国内场地建设基本上以满足功能为目标，运动场色彩与运动场文化的表现还比较单一。比较而言，我国篮球场地从材质的变化可以推断建设的年代，但色彩单一，既没有审美意愿也没有文化表达。这不只是大众化建设的风格，最重要的是我们在运动场地建设中忽略了色彩对于人的心理建设的影响，色彩及图案在场地的建设中没有得到应有的重视。目前我国在运动场所上更多考虑的是建设数量和材质功能，仍然缺少文化审美的思考。

（三）运动场所嵌入美学元素的意义

西方美学大师歌德认为，颜色对于人的情绪有着直接的影响。心理学家颜色测试发明者马克斯·吕舍尔研究了色彩思维的效用，他认为色彩具有情绪方面的价值。中央美术学院宋建明认为，从色彩科学层面研究色彩是"心理色彩"，人的眼睛不像照相机客观反映色彩，而是通过生理与心理对色彩进行调整，生理是"看"，心理是"见"。宋建明还认为，人对世界的认识 75% 是通过视觉对色彩信息来接收的，因此，色彩具有给人深刻印象的"先声夺人"的功能。

目前在全民健身与健康中国双向政策持续推动下，国内体育运动场所的建设数量增长，但把运动场当作运动与休闲相结合的场地并不多见。一方面，运动场建筑材料功能质量持续提升；另一方面，单调不变的运动场色彩仍然存在，色彩在运动场地的研究进展缓慢。实践证明，大众体育场所建设既要重视运动场的数量，也要重视运动场视觉色彩的设计。丰富的色彩能够给人留下深刻印象，是吸引大众亲近体育、喜爱体育的重要因素之一。大学校园运动场所色彩合理，同样也是吸引学生进入体育场、亲近运动的重要因素。

高校体育场所的功能已不仅仅满足于师生运动需要。从体育文化层面来探讨，运动场所应创新设计与建设，突破唯运动功能的理念。运动场所应该是宣扬体育精神和体育文化的主阵地。新型运动场功能应是多元的，是集视觉审美、运动休闲、学习聚会、文化宣传于一体的多功能服务场所，要创设成大学生乐意并喜欢来的地方。

图 2-15　福建江夏学院改造前的运动场

图 2-16　福建江夏学院改造后的运动场

四、学校体美融合的体育美学案例

高校体育在持续发展的过程中，不仅要关注大众体育和竞技体育等主体工作，更要拓展体育视野，站在体育文化层面研究体育管理全过程。通过体育教学改革探索和不懈追求体育文化和精神层面的各项工作，强调教育立德树人的本质，以宣传体育文化作为教育的重要抓手。福建江夏学院长期注重体育文化的传承和传播。在学校大型运动会举办过程中，认真进行赛前的各类活动，如征集运动会吉祥物、主题词、文章，招募志愿者和啦啦队成员等工作；运动会比赛期间注重体育文化氛围塑造，如各项赛事的组织仪式、场地宣传布置，甚至包括学生大本营建设等；赛后重视颁奖仪式、运动摄影展等延续性工作。运动会绝不仅是运动员的盛会，而是学生全员参与体育、体验体育快乐的盛会。全校同学可以采用设计、文章、摄影、组织、运动、志愿者等不同的方式参加到运动会中。以下为福建江夏学院体育文化以及体育美学案例。

福建江夏学院运动会中体育文化表现形式

一、体育活动培养志愿者为他人服务的美德

学校体育除了重视体育课上的运动服饰、运动场色彩营造之外，学校体育内涵文化也得到了重视，如学校各类活动中的志愿者工作。志愿者是文明社会的标志，学校开展体育活动是培养学生志愿者的机会。在志愿服务过程中学生自我展示与为他人服务展示，营造了运动场上善和美的氛围。运动场上戴着志愿者标识、为竞赛忙碌的身影总能成为美丽风景线。志愿者服务的体验完全可称之为美学的第二课堂，也是体育融合德育的行为教育的有效手段。

图 2-17　校运动会志愿者服务

图 2-18　志愿者合影

二、学校大型运动会吉祥物图案的征集与选用

运动会吉祥物图案和主题词的征集过程及其在开幕式、宣传栏、奖牌、号码簿等方面的运用，丰富了运动会美学和体育文化内涵。吉祥物图案征集活动中突显了人们在精神层面对运动会的热爱，主动地将运动会与社会发展、大学生精神修养、文化创意、祝福心愿等相关联，使体育竞技和美学创意相互促进。既扩大了学校运动会的参与面和教育面，又使得运动会更加有趣和有意义。通过吉祥物和主题词的创设，各类人才都可大显身手，运动会逐渐演变为艺术创意、体育文化、体能竞技等才能的展示和比拼。

福建江夏学院历届校运会吉祥图案物征集活动，反映着体育文化传播中培养学生审美情趣的重要意义。

以福建江夏学院第 11 届校运会吉祥物征集活动为例。通过公共体育部微信公众号向全校学生征集本届运动会吉祥物图案，总共收到 80 多件作品，经过二级学院体育部筛选后，有 12 件作品入围第二阶段。第二轮由体育运动委员会选取前 8 名并颁发奖品和证书，其中第一名为本届运动会吉祥物图案。

前三名作品的设计理念与主题思想分别如下。

第三名　吉祥物：奕奕。

奕奕

图 2-19　运动会第三名吉祥物图案设计：奕奕

设计理念：

1. 吉祥物整体设计采用对称之美，灵感来源于"2020""11"的数字对称之美。对称之美表现出"庄重有序，和谐美满"，预祝第十一届田径运动会圆满举办。

2. 吉祥物形象选择十二生肖中的羊，因为羊象征着创新，而创新就是我校精神中的一点；同时羊也象征着纯洁高尚、吉瑞吉祥。在羊的品种中，羚羊的速度超过狮子（第十届校运会吉祥物），所以选择羚羊，有"超越"的寓意。奕奕头上的印记来自"榕树"的元素。

3. 色彩上选择明亮的纯色，富有强烈的青春气息和升腾激情，展现了福建江夏学院的阳光体育风貌！

4. 名字为奕奕，是数字"1"的谐音，也象征神采奕奕。

5. 动态上选择给奕奕一个"胜利"的姿态，寓意开放、拼搏、包容，也预示着第十一届田径运动会的成功举行！

第二名　吉祥物：望兔。

图2-20　运动会第二名吉祥物图案设计：望兔

设计理念：

剪刀手代表着胜利，看似由两个数字"1"组成，又能衍生出兔子的造型，从而诞生出吉祥物"望兔"，与英文"Want to"

谐音，意思是"想要"。身为当代青年应当有理想、有目标，想要在运动会上取得好成绩。脖子上的口哨与体育老师给人的印象相契合，而口哨的造型灵感来源于我校的校徽，又有点像钥匙的造型，寓意着通过校运会开启校园活力。吉祥物有五种配色，分别代表我校的标志性建筑，如枫叶大道、图书馆、月牙湖、教学楼和学生宿舍。

第一名　吉祥物：加油蛙

图 2-21　运动会第一名吉祥物图案设计：加油蛙

设计理念：

受疫情影响，校园犹如经历漫长冬眠的青蛙逐渐苏醒。青蛙的眼睛与"11"相结合，标识本次校运会属性。在迎接校运会盛事但疫情没有完全结束的同时，我们不能放松警惕，所以青蛙以半遮口罩呐喊助威的形象设计，为江夏儿女加油，并融合呐喊声"加油哇"取名为"加油蛙"。

　　吉祥物图案的设计被应用在本届运动会主席台背景图、运动会号码簿、奖牌、运动会秩序册、成绩册以及运动会其他宣传物品。

图 2-22　福建江夏学院第 11 届运动会田径比赛秩序册

图 2-23　福建江夏学院第 11 届运动会田径比赛秩序册、运动员号码牌

图 2-24　福建江夏学院第 11 届运动会奖牌

三、重视竞赛的仪式美

体育竞赛的目的并非单纯在技术上争高低，学校通过组织体育竞赛，在每个环节上注重仪式营造。如开幕式、入场式、赛前介绍场上运动员、颁奖仪式、闭幕式等，让运动竞赛像节日一样有仪式感，让所有参与人感受到被重视和被需要，让运动员体验到"代表集体"的美好意义。运动竞赛的各环节也是在美育和德育方面得到全员、全过程、全方位的"三全育人"体验式教育的一个过程。

图 2-25　赛前介绍场上运动员

图 2-26　颁奖仪式

图 2-27 开幕式具有庄严大气的运动场美景

图 2-28 热情洋溢的观众席场景

第三章　健康中国国策下高校体育
渗透德育的探索

第一节　体育精神与社会道德建设

　　体育是提高人民健康水平的重要途径，是满足人民群众对美好生活的向往、促进人的全面发展的重要手段。2020 年 10 月 15日，中共中央办公厅、国务院办公厅印发的《关于全面加强和改进新时代学校体育工作的意见》指出，"学校体育是实现立德树人根本任务、提升学生综合素质的基础性工程，是加快推进教育现代化、建设教育强国和体育强国的重要工作，对于弘扬社会主义核心价值观，培养学生爱国主义、集体主义、社会主义精神和奋发向上、顽强拼搏的意志品质，实现以体育智、以体育心具有独特功能。"因此，"十四五"时期，高校体育要弘扬新时代体育精神，要以习近平新时代中国特色社会主义思想为指导，以立德树人为根本，以社会主义核心价值观为引领，深化高校体育课程与思想政治理论课融合，培养学生爱国情怀、社会责任感、创新精神、实践能力，培养大学生成为担当民族复兴大任的时代新人。

一、体育精神的内涵及其意义

（一）体育精神的内涵

早期的"体育"不是现代意义上的身体教育，而是人类在采集、渔猎、捕兽谋生活动中进行进攻与防卫的本能动作，并在此基础上逐步发展了走、跑、跳、投、浮水等基本技能。随着生产力的发展，体育作为一种社会现象，开始以娱乐的形态出现，如古罗马角斗比赛、斯巴达的尚武格斗等，但这些体育最初形态还不具有真正的体育精神，还处于无体育精神阶段。

体育精神来源于古希腊文明，其最初的含义是崇尚力量、健康和敬畏自然。随着社会不断发展，体育精神的内涵不断丰富，并融合了各国体育文化、文明，向自由、公平、拼搏、团结等体育精神升华。现代竞技体育中，体育精神作为健康向上的精神力量，是体育运动所孕育出来的一种意识形态反映人们不懈努力、拼搏奋斗的体育风范与精神面貌；是体育运动和竞赛中人们内在力量在激烈拼搏过程迸发出的意志与能力，并在尊重规则、公开公平的竞技中宣扬积极上进、不懈奋斗的价值观。竞技体育精神主要内涵有以下几点。

　　一是不畏强手、逆境取胜、永不服输等精神，这也是一种英雄美德。二是体育精神不仅是胜者的精神，其中还有虽败犹荣的精神，所以体育也是挫折教育最好的手段之一。三是运动员可以感受场上对手、场下队友和亲友的体育友谊，感受团队的团结协作等精神。现代社会，不会与人协作共事者将很难进行实践工作。通过体育让学生体验团结协作的内涵是一种很好的教育手段。四是公平、公正意识，遵守比赛纪律和规则是确保比赛正常进行的保障。一般情况下，运动员在生活中更懂得守规矩。五是训练过程的艰苦耐劳、持之以恒等精神品德。对于青少年来说，体育不仅仅是满足身体锻炼的需要，还是有效的历练手段。在体育运动的过程中，竞技运动能够使人体验到平常难以遇到的磨炼，能够更好地创造学习和平衡心态的机会。在青少年今后的学习与生活中，体育精神让他们能更好地面对复杂困难的人生。

　　中华体育精神是中华民族在长期生产和生活实践中积累起来的，既具有一定的体育内涵，又具有外延的文化形式，是中国各民族向心力的凝聚和民族精神的纵向复制。我国从农耕生产劳动中演变而来的许多传统体育项目，如黎族的"跳竹竿"、苗族的"走独木桥"、蒙古族的骑马、射箭和摔跤，以及武术、舞龙、赛龙舟等以祭祀、庆典等仪式为载体的身体活动展演，逐渐形成了中华体育精神。中华体育精神体现了我国独特的民族传统体育文化精神特点，即崇尚天人合一、人与自然和谐统一。

　　1949 年 9 月，中国人民政治协商会议第一届全体会议通过的《中国人民政治协商会议共同纲领》指出要"提倡国民体育"，促进中华体育精神的全面发展。从 20 世纪 50 年代容国团的"人生能有几回搏"，60 年代中国登山队登顶珠穆朗玛峰，70 年代足球队"志行风格"到 80 年代的"女排精神"、中国跳水队"冲出亚洲走向世界"、洛杉矶奥林匹克金牌零的突破，90 年代的"东方神鹿""铿锵玫瑰"再到 21 世纪北京奥运会问鼎金牌榜首位，这一系列成绩的取得及突破彰显了中华体育精神的发展历程。

在现代竞技体育中，我国体育精神成为中华民族在体育实践活动的宝贵精神财富。在奥林匹克运动赛场上，中国代表团面对挑战，迎难而上、奋勇前行，充分体现了中华儿女奋勇顽强的优良传统，让世界看到了中国年轻一代热血担当的时代风貌。在国歌响起的时刻，中华体育精神和爱国热情激励着每一个中国人，这就是中国体育的精髓和灵魂。面对每一场体育比赛的严峻形势与困难挑战，中华健儿没有退缩，为国争光的信念没有改变，顽强拼搏的精神丝毫没有动摇。而中华体育精神中最值得称颂的当属中国女排精神。2016 年里约奥运会上，在名列小组第四的严峻形势下，中国女排的姑娘们抗住巨大压力，逆袭巴西；半决赛中顶住荷兰队的顽强抵抗，拼进决赛；决赛时刻团结协作力克塞尔维亚，重夺奥运冠军。女排姑娘们舍我其谁、百折不挠的顽强作风和拳拳爱国之心，让激励了中国数代人的女排精神发扬光大。所以说中国女排以高昂的斗志、顽强的作风、精湛的技能和敢于争第一、敢于挑战和超越自我的行动，诠释和刷新了"无私奉献、团结协作、艰苦创业、自强不息"的女排精神。

（二）体育精神的意义

体育精神作为一种具有能动作用的心理意识，是体育行为的动力源泉。体育精神的第一要务是遵守规则，运动员要按照共同的规则去进行比赛、参与竞争。体育精神的实质是公平，比赛场上各个国家、地域、民族和种族的运动员，必须在同一规则下进行公平竞争。体育精神的基础是专业。对体育技术的追求没有止境。比赛检验运动员对技术的掌握与专业性，没有对体育这一事业的专业热爱，很难取得技术的成就。体育精神的内涵是尊重对手。尊重对手是和平、仁爱精神在体育精神中的体现。体育精神的最高境界是尊重失败。竞争中的胜者自然受到嘉奖，但是失败者同样令人敬重，因为只有对手的努力才能真正检验自身的实力。尊重失败就是尊重对手为成功所付出的努力。这些都是体育精神的真正意义所在。

二、体育精神与社会主义核心价值观的内在联系

（一）体育是实现社会主义核心价值的有效载体

在体育教学中渗透社会主义核心价值观，这主要是指把社会主义核心价值观的内涵真实地与各项体育运动的规则教育、精神教育结合起来，使其内化为学生的品德修养和道德情操。习近平总书记指出，加快建设体育强国，就要把握体育强国梦与中国梦息息相关的定位，把体育事业融入实现"两个一百年"奋斗目标

大格局中去谋划。体育是提高人民健康水平的重要手段，也是实现中国梦的重要内容。奥林匹克精神和中华体育精神为中国梦的实现提供精神动力。

毛泽东在《体育之研究》中指出："小学之时，宜专注重于身体之发育，而知识之增进、道德之养成次之。"著名教育家蔡元培讲"完全人格，首为体育""有健全之身体，始有健全之精神；若身体柔弱，则思想精神何由发达"。在高校体育教学中渗透社会主义核心价值观，目的在于挖掘体育教学特殊、鲜明、持久的教育功能，激励学生积极、科学地参加各项体育锻炼，使他们逐步养成终身体育的习惯，同时增强了大学生的奋斗精神。

习近平总书记指出，体育在激励全国各族人民弘扬追求卓越、突破自我的精神方面，有着不可替代的重要作用。站在新的历史起点，在实现教育现代化的进程中，学校体育的战略地位更加突出。在体育教学中，教师必须加强自身修养，提高自身素质，树立良好形象，让学生在潜移默化中受到熏陶，达到社会主义核心价值观的教育目的。

（二）体育精神与社会主义核心价值观的契合性

新时代，建设体育强国也日益成为人民群众实现身心健康、精神富足的重要推动力，中国正从体育大国转向体育强国。

从国家层面来看，新时代体育精神坚持国家利益至上，树立体育强国、承担国家、社会责任的价值目标，这与富强、民主、文明、和谐的社会主义核心价值观目标相一致。

从社会层面来看，新时代体育精神坚持服务社会改革发展大局，提出"从发展竞技体育转向竞技体育与群众体育共同发展"的价值目标，推动竞技体育比赛规则秩序向大众传播，引导群众体育发扬公平公正、遵守规则、尊重裁判的良好体育精神，这与自由、平等、公正、法治的社会主义核心价值观目标相一致。

从个人层面来看，新时代体育精神坚持自我价值与社会价值的统一，提出科学求真、执着拼搏、团结友爱、为国争光的价值目标，这与爱国、敬业、诚信、友善的社会主义核心价值观目标相一致。

（三）体育精神与文化传承

在新时代，传承中华优秀传统文化，促进先进文化的发展是文化发展的必然趋势。世界体育文化和中华民族传统体育文化不管是在形式上还是在精神上都存在很大差异。竞技体育能产生广泛的国际影响力，大众体育、休闲娱乐体育和健身养生以增进国民体质与身心健康为最终追求。西方竞技体育文化，我们既不能全盘否定，也不能全盘吸收。我们应将中国传统体育文化与世界现代化体育文化合理融合，创造优秀、先进的中国体育文化。

大学体育课程和其他学科课程相比，灵活程度更高，教育形式也多种多样。体育教师在开展师德师风建设中要传承中国优秀传统文化、革命文化、社会主义先进文化、党的创新理论等，将优秀传统文化与体育精神内涵融为一体，并在不同运动项目中用多种教学方法将体育精神和思政教育巧妙结合，促进体育精神和师德师风建设有效融合，促进体育教师思想道德文化提升，促进大学生政治素质提高。

在体育课程思政建设实践中，积极推动体育锻炼与体育竞技、体育素养和体育精神的融合，深化体育精神与思政建设的融合对接。体育教师以身作则，注重言传身教，注重结合教学项目特点，培养学生良好的体育精神。在长期的体育教学实践活动中，体育教师要做到有意识、有目的、有计划地寓体育精神与思政建设于行为之中，寓传统优秀文化教育于体育教育之中。如老师在武术、散打类教学项目课堂上，首先要教会学生懂得抱拳礼的含义；譬如打手靶和对练时，要互相撞拳致敬；练习结束，要向同伴敬礼、向老师敬礼等。中国武术讲究"未曾学艺先学礼，未曾习武先习德"。武术第一课并非学习武术技术动作，而是要学习抱拳礼。行抱拳礼代表"五湖四海皆兄弟""天下武林是一家"。在体育教学中学习以武会友、尊重对手、尊重裁判的体育精神，在传承中华民族优秀传统文化中增强大学生的民族自豪感。

（四）体育精神对于人才培养的重要意义

体育精神对个体发展具有重要作用。2018 年 9 月 10 日习近平总书记在全国教育大会上指出，要树立健康第一的教育理念，开齐开足体育课，帮助学生在体育锻炼中享受乐趣、增强体质、健全人格、锤炼意志。体育精神的意义已经远远超出了体育领域，多指在任何领域的比赛中个体的行为表现。深入理解体育精神，从长远来看，有利于个体在人生这场比赛中行稳致远。体育能帮助学生控制情绪，同时还能使学生在嘈杂的环境中和精神紧张时集中注意力，形成坚韧不拔、顽强拼搏的精神。

高等学校体育教育中的竞赛活动是一项让学生体验公平竞争、挫折、健全人格的教育。学生在体育比赛中可以学到许多人生哲理，如合作才能共赢；机会都是均等的；冠军只有一个，但赢家不止一个；重在参与；每个人都是胜利者等。体育教学可以锻炼学生的体魄，也可以锻炼学生坚强的意志品质。通过各项体育比赛，大学生不仅享受了运动乐趣，还增强了体质、锤炼了意志。比赛场上的呐喊声更是点燃了青春的激情，不但展现了他们积极向上的精神面貌，还增强了他们的凝聚力和顽强拼搏意识，弘扬了敢于进取、敢于竞争、敢于创新和敢于突破自我的体育精神。

以下为福建江夏学院体育精神培养课程实例。

案例一

【项目名称】珠行万里

【项目性质】以团队发扬拼搏进取、勇于创新精神为主的项目

【项目时间】60 分钟

【授课班级】2019 级动画 1 班

【项目对象分析】该班级是艺术类学生，有男生 24 名，女

生 20 名。总的说来，该班成员个性鲜明，富有创新意识和较为坚强的毅力，抗压能力较强。班级团队意识比较薄弱，男生集体荣誉感尚好，女生则相对懒散。班级总体缺乏合作与协调，在集体活动中纪律性不强，个人不愿融入集体中。

【项目目标】针对班级现状，要发扬团队拼搏进取、勇于创新精神，提升团队凝聚力，充分发挥团队成员之间的优势互补，提高团队在有限时间内完成挑战任务的效率。加强同学之间的相互激励与合作，充分认识团队拼搏进取、勇于创新精神的重要性。

【项目场地要求】空旷的平地

【项目器材】乒乓球、切开的 PVC 管（球槽）、纸篓

【项目操作】团队每个队员手拿一根半圆形的球槽，将乒乓球连续传动（滚动）到下一个队员的球槽中，并迅速地排到队伍的末端，继续传送前方队员传来的球；球若掉地，重新再来，直到球安全到达纸篓为止。团队可以比传送一个球的耗时，也可以比规定时间内传送球的数量。

【项目问答】

1. 每个成员的拼搏进取、勇于创新精神如何体现？

2. 成员之间应如何有效协作与配合才能使团队目标尽快达成？

3. 合理计划和切实可行的方法是怎样形成的？在团队中是否很重要？

4. 团队需要领导和指挥吗？激励在团队中有何作用？

5. 团队合作和他人的帮助对完成任务有何重要作用？

【项目分享】

由各队队长带领，让队员围成一圈，席地而坐，针对提出的问题，进行分享。

1. 我们每人手中的那个球槽在工作中都起着至关重要的作用，不能有丝毫脱节，对每个球槽中球的控制就好比对工作质量的把握。如何发扬团队中每个成员的拼搏进取，勇于创新精神。

2. 同样的任务、同样的信息和资源，如何最大限度将资源转化为成果，如何有效协作与配合从而使工作顺利进行？团队配合、合理的计划和切实可行的方法是至关重要的。同时，在传球过程中，也能享受到团队成员间的默契，就好比在快乐和谐的工作中才能享受到工作乐趣与个人价值。

3. 在运球之前、之中我们团队是否明确目标和方法，是否进行了有效的沟通，是否达成一致，是否严格执行方案都将考验我们的团队能否成功。

【教师总结】

1. 链条。我们每个人都是项目运作中的一个链条，都非常重要，在任何一项工作完成时，要考虑是否能让你的下一个链条顺利承接。

2. 节奏。拼搏进取中不必一味贪快，控制节奏非常重要，一切只为最后的胜利。我知道大家都想赢得胜利，都想加快速度

切只为最后的胜利。我知道大家都想赢得胜利，都想加快速度，但速度不是取得胜利的最唯一因素。掌握队友间配合的节奏，确保不失误才是重要因素。

3. 指挥。一个团队必须要有一个统一的指挥。你们在进行项目时，是否只有一个统一指挥的声音，还是各抒己见？是吵吵闹闹，还是相互鼓励？必须突出指挥的作用。

4. 配合。当你的同伴出现问题时，要及时提醒，这样才能确保共同的成功。

5. 目的。①本活动是需要每个人参与的集体活动，只要一个人失败，则主队失败，所以锻炼人的不懈进取精神。②两槽衔接时手的控制力度及槽的角度均是技术关键，需要队员们发现好方式，解决球槽对接时不落地的问题。不同的队伍各有自己共同遵守的法则。锻炼人的创新思维能力。

【活动反思】

1. 这是一个可以让学生发扬团队拼搏进取、勇于创新精神的好项目。在活动过程中，同学们亲身体会了一个团队目标的实现需要每个成员都努力去拼搏进取和勇于创新。

2. 这个项目活动最好在雨天或有高低不同的地面环境中完成。可以在一个团队处于动荡期或形成期时运用，也可以让团队成员明白发扬团队拼搏进取、勇于创新精神需要做很多的准备工作，在活动中可强化成员对团队的心理体验。

案例二

【项目名称】四足蜈蚣

【项目性质】提升团队团结协作、克服困难的精神

【项目时间】60 分钟

【项目班级】2019 级工商管理

【授课对象分析】全班男女生人数均等，适合男女生共同协作完成任务。

1. 发扬团队协同配合工作精神，增强团队意识。

2. 培养队员勇于克服困难，勇于创新的积极心态。

3. 增进队员间的友谊和信任。

【项目操作】

1. 两根绳子平行放置，相距 25 米远。

2. 项目规则：

（1）12 人作为一个团队穿越场地（12 人可以分成两组），以各小组穿越的时间长短作为获胜与否的标准。

（2）队员身体必须直接接触，并且不能借助外物连接在一起。

（3）任何时候，每组只能有 4 个点接触地面，这些接触点可以是脚、手、膝盖或后背。如果活动过程中，哪个队的接触点超过了 4 个，必须回到起点重新开始。

3. 每个小组有 10 分钟的准备时间，制定活动计划和措施（要求各组在准备过程中彼此分开，避免相互影响）。

4. 进行活动过程的安全教育。

【项目问答】

1. 在准备阶段，各组是如何计划的，有哪些地方表现出团队拼搏进取、勇于创新的精神？

2. 在了解项目步骤和规则后，是否有人认为这个项目根本不能完成？为什么？

3. 如何克服男女生之间的隔阂，达到彼此信任？

4. 在实施过程中碰到了哪些问题？是如何解决的？怎样才能做得更好？

5. 团队合作和他人的帮助对完成任务有何重要作用？

6. 这个项目对你们还有其他启发吗？

【项目分享】每个团队由队长带领队员围成一圈，席地而坐，针对提出的问题，表达自己的感受、分享自己的体验。

分享1：当我高高地坐在自己队友架起的手臂上时，我从来没觉得走路会这么困难，从来没有感到行进间如此颠簸，如此不安全——害怕摔下来。还好有我亲爱的队友稳稳地支撑着我，让我没有受伤。直到这一刻，我才真正体会到人生是不容易的。感谢队友们，感谢我们团队的男生……

分享2：今天让我真正理解了团队口号的含义。虽然游戏时间很短，游戏过程很艰苦，但是它对我心灵的震撼是永远的。战胜恐惧，拼搏进取，勇于挑战创新，热爱队友，珍重团队，这些对我今后的学习和生活的启迪是巨大的，谢谢大家。

分享 3：感谢老师在团队组建和团队活动中给予我们支持和鼓励，让我真正明白了个人的能力固然重要，但团队的合作才是无坚不摧的。

【教师总结】

1. 现代社会，很多事单凭个人力量是根本无法完成的，必须通过依靠同伴或团队的力量协作配合才能共同实现，这就是组建团队的意义和价值。

2. 誓言就是承诺，它是责任的象征，是团队团结协作、克服困难精神的外化。通过庄严宣誓让大家真切体验到对自己和同伴做出承诺所凝聚的力量和信心，它让我们鼓起前所未有的勇气勇敢地面对并克服困难，让我们感受到团队的力量是这么的超乎想象。

3. 坎坷和困难是人生最大的财富。这种财富来自支持和帮助，来自信任和鼓励，来自努力和拼搏。

4. 懂得感恩，学会感谢别人！懂得信任，少一分彼此间的猜疑！懂得珍惜，好好把握今天，憧憬未来。

5. 如果要想使自己的人生更加精彩，就要用真诚的心去对待、帮助、信任朋友。如此，你的人生路上会多一份助力，你也会感到更多的人生快乐！

【活动反思】

拓展训练并不等同于游戏，不是为了玩而玩，活动后的分享才是拓展训练的重点。通过分享能否让学生在活动中提升心理素质。

　　教师在分享过程中必须充分发挥主导作用，组织好分享环节。

　　1. 根据学生的实际情况，有的放矢设置分享问题。每个拓展训练的项目都有共性，也有独特的针对性。学生对此产生的体会是丰富多彩的。在有限的授课时间内必须提高教学效率，因此，在设置分享问题时必须紧扣增强团队拼搏进取、勇于创新精神的教学目标，根据不同班级的特点和遇到的实际情况有针对性地设置问题，帮助学生解决实际问题。这样才具有现实指导意义。

　　2. 必须注重提问技巧。有的问题如果直接提问可能会导致学生陷入尴尬境地，从而出现不愿意回答的冷场现象。教师可以将问题进行处理，把问题分成小问题，从活动过程的现象入手，层层递进以达到真正的主题。

　　3. 在分享时，教师也可以将自己融入分享过程中，和学生分享自己在活动过程中的所见所闻以及由此产生的喜怒哀乐等情绪和心情。这不仅能活跃分享氛围，还能激发学生积极分享、理性认识现象和分析问题的热情。教师个人魅力也能在分享中进一步完善，实现寓教于乐。

　　发扬团结协作、合作共赢的理念。2014 年 2 月 7 日，习近平总书记在俄罗斯索契看望参加第二十二届冬季奥林匹克运动会的中国体育代表团时指出，重大体育赛事最令人感动的未必是夺金牌，而是体现团结协作，合作共赢的奥运精神。团结就是力量，合作才能共赢。体育精神并不意味着要争个你死我活，要让学生通过体育比赛领悟合作才能共赢的道理。合作的首要前提是有一个共赢的心态，即合作是为了共同的目标、共同的利益。一个人要想成功，除了自身要有较高的素质，还必须要有能够同别人合作的精神。在体育教学和体育比赛中，合作便是借鉴别人来弥补自己。在这个过程中，别人和自己都会受益，这便是共赢的意义。合作双赢要有高瞻远瞩的战略眼光，求同存异、海纳百川的广阔胸怀，实事求是、求真务实、与人为善、成人之美、积极生活的态度。为了双赢才有合作，有了合作才有双赢。双赢与合作，相依相存，互为表里。以合作求双赢，不仅仅是大自然延续传承的法则，也是人类社会发展前进的时代主题。

案例三

【项目名称】人椅

【项目性质】团队相互依存型项目

【项目时间】60 分钟

【授课班级】2019 级会计学 1 班（本科）

【授课对象分析】该班级有男生 14 名，女生 35 名，由于团队刚完成组建，男女生之间刚认识或有些相互还不认识，同学之间协作配合不够充分。

【项目目的】加强该班级的相互协作、默契精神、团队之间的协作与合作，提高团队在有限的时间内完成任务的效率，提升班级内部的凝聚力。

【项目操作】（1）所有的学员围成一圈，每位学员将自己的手放在前面学员的肩上；（2）听从训练者的指挥，然后每位学员徐徐坐在后面学员的大腿上；（3）坐下之后，培训者可以再喊出相应的口号，例如齐心协力、勇往直前；（4）可以以小组比赛的形式进行，看看哪个小组可以坚持更长的时间，获胜的小组可以要求失败的小组表演节目。

【项目问答】（1）你们采取了什么办法沟通的，你们是否怀疑游戏可能会失败？（2）相邻的两个同学是如何协作来完成任务的？（3）你们在游戏过程中碰到了哪些问题？你们是如何解决的？（4）怎样保持节奏的一致，才能实现全队坚持最长时间目标？

【项目分享】由各队队长将队员围成一圈，席地而坐，针对提出的问题，表达体验与分享。

分享1：在整个游戏的过程中，我感觉最深的是自己坐在别人的腿上，同时别人也坐在自己腿上，大家相互合作，明确自己的角色。腿再酸，也要坚持，发挥自己和团队的作用。

分享2：个人的价值是无法单个显现出来的，只有在群体中，个人的价值才可能得到证实或者显现，谢谢大家。

分享3：生活中，会遇到许多的困难，当你面对困难时，是选择挑战，还是退缩，关键在于自己的态度。只要相信自己，走出第一步，许多事情都会有完美的结局。

【教师总结】（1）交流回顾不是为了让大家过分地宣泄消极情绪，而是为了深化体验，引导讨论、启发感悟；（2）培训师点评中应注意强化大家的积极收获和感悟，对于消极的感受可以通过理解接纳或不予评论的方法淡化处理，让每个人可以在相互理解的氛围内，倾谈自己的想法；（3）鼓励每一名参训学员加入讨论，如果有人没有发言，培训师应该积极鼓励；每一名参训学员发言后，培训师应该引导其他学员给予掌声鼓励；（4）除了项目里涉及的点评要点外，培训师也可根据现实需要和自己的经验调整点评内容。

【活动反思】（1）这是一个可以让学生消除隔膜，相互影响、相互协作的游戏，通过这个游戏项目，会体验到个人和团队价值所在。（2）这个项目活动适合于雨天进行或可以在一个团队处于形成期时运用，让学生真正明白组建团队的意义。

案例四

【项目名称】风雨人生路

【项目性质】以提升团队协作为主的项目

【项目时间】60 分钟

【授课班级】2019 级经济学（2）班

【项目任务】两人一组，一人扮演哑人；另一人把眼睛蒙住，扮演盲人。两人互帮互助走完一段崎岖（需要进行跳、钻、跨等动作）的道路。

【项目对象分析】

该班级有男生15名、女生33名（全班分4个团队，每队男生3人以上）。由于团队内男生少，女生多，男女生之间的协作配合可能不够充分，将导致团队内部的凝聚力不强。而女生的个性较强，在集体活动中自我意识表现活跃，团队的男女互补优势不够。

【项目目标】

（1）训练团队成员间的信任感。

（2）增强团队协作与合作意识和面对困难时互相帮助的精神。

（3）培养学生换位思考的意识。

（4）以积极的心态去争取，合作共赢。

【项目操作】

（1）分组。由于男女生的比例问题，我只好设计让一个男生和两个女生（3人）一组。

（2）活动前把规则讲解清楚。在这个项目中，我让一组中的两个女生扮演盲人，男生扮演哑人。然后让每个组合在原地对有跳、钻、跨等动作时沟通5分钟。出发前学生进行庄严宣誓："我在这个项目活动中扮演的是盲人（或哑人），在活动结束前，我坚决不偷看或讲话。"

（3）教师当引导员，在操场周围的陌生环境走完一段有山坡、独木桥、石块、阶梯、荆棘和杂草丛生（需要进行跳、钻、跨等动作）的崎岖道路。

【项目问答】

（1）你们采取了什么办法沟通的？5 分钟的讨论是如何运用的？

（2）信任是如何产生的？为什么愿意信任自己的伙伴？

（3）你们在游戏过程中碰到了哪些问题？你们是如何争取合作共赢的？

（4）扮演哑人与盲人的同学分别谈谈各自的弱势和困难。生活中出现困难与挫折时，你们会用什么心态去面对？

（5）团队合作和他人的帮助对完成任务有何重要作用？

【项目分享】由各队队长将队员围成一圈，席地而坐，针对提出的问题，表达体验与分享。

（1）我带上眼罩什么也看不见，只觉得似乎不会走路了，脚下的路似乎比想象中的难走，阶梯、草地、树枝、陡坡、深沟……自己从来没觉得走路会这么困难，还好有卢山同学时刻搀扶着我，让我在黑暗中走得很稳，没有受到伤害。直到这一刻我才真正体会到人的一生是坎坷的，感谢父母给予我健全的身体，感谢我们团队的男生……

（2）感谢老师，带领我们走了一个学期的路。在我们团队不和谐的时候给予我们支持和鼓励，让我真正明白个人的能力固然重要，但团队的合作才是无坚不摧的……

【教师总结】

（1）学习与生活中有很多事靠自己的力量根本无法完成，必须依靠同伴或集体的力量协同配合，这就是团队协作与合作的意义和价值。

（2）庄严宣誓是为了体验承诺的责任感。对自己和同伴的承诺，是一种勇气、力量和信心的表现。

（3）坎坷和困难是人生最大的财富，这种财富来自团队的支持和帮助、信任和鼓励、努力和拼搏。

（4）懂得感恩，学会感谢别人！懂得信任，少一分猜疑！懂得珍惜，好好把握今天，憧憬未来。

（5）如果要想使自己的人生更加精彩，那么，用真诚的心去对待别人，帮助、信任朋友，你的人生路上会多一份助力，你也会有更多合作共赢的机会！

【活动反思】

（1）这是一个可以让学生心灵得到净化、得到洗礼、得到升华的好项目。扮演盲人的女生在活动结束的分享中特别感谢班上的男生，而扮演哑人的男生在分享中提到最多的是自己作为男生的责任感和面对困难的自信。通过这个游戏项目，团队成员间不再猜疑，懂得了信任和珍惜，增强了男女生之间的沟通与信任、协作与合作意识，提升团队内部的凝聚力。

（2）这个项目活动适合在雨天或陌生崎岖的道路环境下进

行。在一个团队处于形成期时运用，可以让团队的凝聚力得到增强，可以让团队成员感受到合作共赢的人生哲理。

（3）在学期末做这个项目可以让学生有更多的体验，可以让他们真正理解体育课程思政建设中发扬团结协作、合作共赢的意义。

三、新时代高校体育精神的宣扬

（一）政治背景与目标要求

党的十九大报告指出："经过长期努力，中国特色社会主义进入了新时代，这是我国发展新的历史方位。"中国特色社会主义新时代，是承前启后、继往开来、在新的历史条件下继续夺取中国特色社会主义伟大胜利的时代。中国特色社会主义是中国共产党人和中国人民历尽千辛万苦、付出巨大代价取得的根本成就，是当代中国发展进步的根本方向，是实现社会主义现代化、创造人民美好生活，实现中华民族伟大复兴的必由之路。

党的十九大综合分析国际国内形势和我国发展条件，对新时代中国特色社会主义发展做出新的战略安排。2020 年，决胜全面建成小康社会，这是我们党对历史、对人民做出的庄严承诺；从 2020 年到 2035 年，基本实现社会主义现代化；从 2035 年到 2050 年，把我国建成富强民主文明和谐美丽的社会主义现代化强国。

进入新时代，人民群众的需要呈现多样化多层次多方面的特点，期盼有更好的教育、更优美的环境、更丰富的精神文化生活；期盼更好满足人们在民主、法治、公平、正义、安全、环境等方面的美好生活需要；期盼更好满足人们的参与感、公平感、获得感、幸福感、安全感、尊严感等"软性需要"；期盼全体人民都能实现全面发展、共同富裕，共享经济社会发展成果。

国家先后出台一系列重要的决策和规划，如：《"健康中国2030"规划纲要》《国务院关于实施健康中国行动的意见》《教育部关于加快建设高水平本科教育，全面提高人才培养能力的意见》《高等学校课程思政建设指导纲要》等，保障和推进全民健身事业与高等教育事业。党的十九大报告明确提出要把"立德树人"作为教育的根本任务。培育德智体美劳全面发展的、能够担当民族复兴大任的时代新人是学校教育落实"立德树人"要求的目标，也是新时代高校体育精神宣扬的重要基石。

学校要增设蕴含体育人文精神丰富的课程。体育思政课程是体育学科落实"立德树人"教育要求的重要"责任田"，高校体育领域在践行"立德树人"理念的过程中，要使体育课程的"育体"价值和"立德"功能完整展现在学校体育的顶层设计和实践路径之中。

（二）新时代体育的创新与成效

增开学生喜欢的体育课，如花样跳绳、瑜伽、双节棍、拓展训练、攀岩、拳击、散打、啦啦操等课程，这些课程时尚且具有一定的挑战性，符合青少年追求新鲜潮流的心理特征。"素质拓展训练体育课"是我校在大学一年级上学期开设的校本课程。该课程以全面提高大学生身心健康、身体素质达到国家学生体质健康标准为目标；以培养大学生身心控制能力，自我再认识、自我激励和自我超越能力，社会适应能力、沟通能力及团队精神，富有责任心和具有诚信度为教学目的。通过项目训练、反思、体验、总结，应用等教学环节，以内容多样、形式活泼的游戏为载体，能够有效地把学生身心素质和思想素质拓展训练融为一体的体育教学新型模式。因而，这是一种创新型特色体验教育形式。陶行知说："先行而后知""行为知之始，知为行之成"。素质拓展训练教学是以"行"为先导，来达到"知"的效果。大学一年级学生已有十几年中小学体育教学的经历，但缺乏有意识的素质拓展。素质拓展训练通过深化、拓展、分享、体验、提炼、升华，达到深层次的"知"。因此，素质拓展训练，是对陶行知的"先行而后知"的教育理论的实践。该课程既能提高学生学习体育的兴趣，也能培养他们的意志品质，起到体育人文精神传播的作用。

素质拓展教学的意义在于塑造、完善大学生人格。郭子涵同学在谈到素质拓展教学的意义时，说："素质拓展体育课，提高了我们的思想道德素质，塑造了大学生的完美人格。"信管（2）班王菊彬同学说："素质拓展体育课，不仅仅锻炼了我们的身体，更重要的是提高了我们的心理素质。每一项游戏活动，都蕴含着深刻的道理。游戏活动是其次，重要的是游戏之后大家心得（体会）的分享。每个人都有机会将自己内心最真实的感受讲出来，与大家分享，有成功的喜悦，有失败的反思。我们在分享中学会倾听，明白了认真倾听他人的发言，是一种道德修养。我认为，素质拓展教学法，是集心理素质教育、思想政治教育、身体健康教育于一体的崭新的教学法。"关于这个话题，杨海波同学说得更坦诚，更直白，他说："大学作为我们走向社会的最后一道程序，我们听到更多的是学会怎么把自己融入社会，要学会团结，学会包容，学会沟通与倾听，把集体主义精神、奉献精神，始终作为人生价值的导向……很多同学说，素质拓展体育课，特别是分享环节的丰富内涵，将影响他们的一生，所有这些，不正是素质拓展体育课与课程思政融合体现出来的吗？"

高校体育领域在践行"立德树人"理念的过程中，可以引入传统体育文化，依托区域民族体育开展射箭、龙舟、舞龙舞狮、传统武术、乐舞、气功等特色体育项目。这些课程还能够让学生深入了解传统体育文化的内涵。普通高校体育人文类理论课的开设，还可以借鉴美术或音乐课程内容的形式，开设体育欣赏、体育美学等选修课。2020年以来，全国各高校体育教学都在不断创新，增设网络体育课程。网络体育课加强体育人文精神的传播，及传播范围。通过体育人文选修课和思政课与运动技术融合，不但可以提高体育教师的思想道德观念，还可以激发体育教师的教学动力，提高教学水平。同时，课程思政与体育课融合可以让体育课程"立德树人"与文化含量得以提高，可满足大学生对"立德树人"和体育人文修养的需求，培养大学生主动了解体育文化知识，从真正意义上理解体育人文精神的内涵。

（三）高校体育人文精神传播的重要意义

全国各高校应始终将体育作为育人的重要环节。新时代体育精神积极倡导"育人至上，体魄与人格并重"的体育教育观，拓宽体育人文精神传播途径。如清华大学在扩大体育人文精神传播途径方面做了许多有益的尝试。马约翰在《体育的迁移价值》中提道："体育运动的教育价值，不只限于运动场上，而且能够影响整个社会。"马约翰先生是我国体育界的一面旗帜，他点燃自己，照亮了一代又一代体育人的奋斗足迹，推动清华乃至中国体育事业不断前进。他的高尚品格和对体育的奉献的精神，传承至今。从清华大学周诒春校长首创德、智、体三育并重，到 2009 年人民网宣传报道"为祖国健康工作五十年"的体育教育观，再到 2012 年中央电视台制作新闻专题宣传清华坚持长跑传统，2014 年《人民日报》等媒体报道"清华大学恢复第一堂体育课"的创新举措，以及"体育强国""无体育、不清华"等时代口号都彰显出清华体育传统在不断发扬光大，清华体育人文精神传播。

每年高校新生入学时举行体育第一堂课的教育，让大一新生齐聚大学综合体育馆，与学校全体体育教师面对面，聆听体育故事，了解学校体育的教学内容和要求，体会学校的体育传统与体育精神。可以请学校体育分管领导或教务主任来告诉同学们，体育教育的目标首先是要培育忠于祖国、具有家国情怀的青年人；塑造他们独立思考的能力、集体意识和团队合作能力；指出体育对身体及心理健康的正向作用和积极意义，以及在个人品格、社会品质等方面具有的迁移价值，即体育活动可以培养运动者的勇气、坚持、自信心、进取心和决心，锻炼运动者的公平意识、牺牲精神、自由与规则意识和合作意识等优秀的社会品质。还可以请离退休体育教师通过自身经历讲述体育锻炼的重要性和对体育人文精神的认识；请体育明星或毕业生开展体育人文精神的讲座，向每一位新生介绍本校体育精神及优势体育项目，从体育课教学、体育类社团协会、课外体育竞赛、体育代表队、体育场馆等方面对大学体育工作的开展和对学生的要求进行全面阐释。第一堂体育课后，各院系新生班级在辅导员和体育助教的组织下召开主题班会。班会上同学们围绕如何利用时间有效进行锻炼、如何发挥集体监督的作用等问题进行充分讨论。这种人文精神的体育教育很有仪式感，将极大地激发学生的锻炼热情。

高校在践行"立德树人"理念和宣扬新时代高校体育精神的过程中，需做到全员、全方位、全过程育人。实现"三全育人"，高校要从培育全面发展的时代新人高度来重新理解和审视学校体育，正确认识学校体育在德智体美劳教育大格局中应有的地位；要正确认识体育课程思政建设的学理内涵，结合学校体育的发展规律，不断创新"育体""修德"手段，将思想道德认识内化于体育教育的过程中，重新考量体育课程与教学的设计导向是否符合体育课程思政建设的学理要求；在对学生体能的发展和技术技能的教学中培育学生的体育品德，弘扬规则意识、集体主义、爱国主义等体育精神，让学生的技术技能学习及掌握与"立德树人"理念密切配合、联系起来；在教师指导和自我感悟下，教导学生挑战技术难度、克服体育学习和训练过程中面临的艰难困苦，培养学生敢于面对困难、勇于挑战困难的进取精神和优良品德；在完成集体项目和比赛过程中，培养学生运用综合知识和技能解决问题的能力以及团结合作、集体主义、遵守规则等优秀体育精神，引导学生树立社会主义核心价值观，促进大学生优秀行为规范和良好体育习惯的形成，努力营造全面培养社会主义接班人的教育思想和氛围。

第二节　新时代体育立德树人的实现路径

党的十九大报告要求教育管理者、教育工作者贯彻落实党的教育方针，不断推进教育体制改革，建设教育强国，加速教育现代化进程。高校体育在培养社会主义建设者和接班人的过程中起着举足轻重的作用。社会主义建设者和接班人首先需要具备优秀品德。优秀德行不是先天具备，而是需要靠教育立德。"立德树人"是高校培养合格接班人的初衷，也是高等教育"十四五"新发展理念强调的重要教育内容。高等教育中的思政课程必须秉承以习近平新时代中国特色社会主义思想为指导，以"立德树人"为根本，以社会主义核心价值观为引领的学科教育新理念。所有课程均需以思政为导向，使思政课程向着共同培养社会有用人才方向发展。

育人是学校教育的价值所在。在以"立德树人"为指导思想的教育体系中，高校体育具有其独特作用。体育教学改革中的一项重大转变是破除仅注重育体的单一性，向着与育德、育智、育心、育能多项融合的方向发展。体育课堂、体育活动以及体育竞赛的实施，需要关注和加强社会主义核心价值观，以及奋发向上、顽强拼搏的意志品质教育。优秀的体育课程思政，应将原有体育教育中"伴随性"或"被动性"的思政理论改变为"必须性"和"主动性"的课堂教学内容，甚至将思政放在体育教学备课的重要内容之中，多育并重，发挥高校体育中的"立德树人"价值。

通过中国知网文献检索，我们发现目前许多学者在体育立德树人方面的创新与改革研究，主要集中在局部或是焦点问题的探讨上。如武超阐述了高校体育社团的育人价值内涵、在体育社团育人价值实践中所遇到的困境，提出了相应的解决策略；汤利军以青少年学生为研究对象，对体育品德评价指标体系的科学性建设提出了具有一定适用性、操作性的路径；秦旸在校园足球普及中讨论了强化立德树人理念与校园足球发展的融合过程，强调注重内涵建设和体教融合是构建立德树人教育理念的核心内容。"立德树人"是全方位的，是新时代党和国家对体育教育事业提出的新的要求。

一、学校体育独特的"育德"功能

学校体育的育人价值主要包含：强健体魄、传承文化、学习技术、思想品德、健康习惯、社会适应能力等，涵盖了全面培养的重要内容。这些内容经过归类划分，可纳入"育德""育心""育体""育能"等类型中。体育锻炼可以强壮体魄，促进学生身体素质的全面发展，事关民族繁衍生息和兴旺发达，因此"育体"成为体育首要任务。相应于此，学界对学校体育的功能在"育体"方面的探讨围绕着概念、功能、内容、结构、目标、方法、策略、评价等方面的学科理论研究已达到较高水平。"育心""育德""育能"多停留在研究阶段，对于体育教育在实践中如何融入心理健康教育、思政教育以及社会适应能力有效方法和深化研究的成果并不多见。

（一）"育德"是新时代赋予学科教育的特殊任务

党的十九大报告中再次明确指出"立德树人"是我国教育事业改革的指导思想和未来更长一段时期教育发展的根本任务。这既是新时代社会发展的需要，更是新时代教育发展的需要。当前我国经济发展需要一个安定和谐的、人际关系融洽的社会环境。青少年学生的学校教育是一个人成长为德品优秀人才的关键时期，其掌握的知识以及形成的思维、观念将直接影响社会进步。因此，新时代对我国学校教育提出了新的要求。学校教育必须体现"立德树人"的理念与思想，学校体育作为教育的一部分，也必然提出同样的要求。

（二）"育德"是学校体育育人价值基本要素之一

学生的核心素养可具体概括为六大要素：人文底蕴、科学精神、学会学习、健康生活、责任担当、实践创新。其中人文底蕴可细化为人文积淀、人文情怀、审美情趣；科学精神可表现为理性思维、批判质疑、勇于探究；学会学习包括乐学善学、勤于反思、信息意识；健康生活可体现为珍爱生命、健全人格、自我管理；责任担当可具体为社会责任、国家认同、国际理解；实践创新可拓展为劳动意识、问题解决、技术运用等基本要点。

（三）体育素养中的"育德"思维

2015 年联合国教科文组织在修改国际体育教育、体育活动和体育运动宪法时将"Physical Literacy"作为体育目的之一，其被译为"身体素养"或"体育素养"。近年来欧美发达国家也在政策中赋予实践，"体育素养"的倡导对学生参与体育活动的动机、积极性产生了积极的影响。Physical Literacy 在中国尚处于初级阶段。2016 年国务院办公厅在《关于强化学校体育促进学生身心健康全面发展的意见》中首次使用了"全面提高学生体育素养"的表述。

体育素养的本质为生命过程中维持身体活动所需的综合能力，包涵身体活动所需要的动机、信心、信念、身体能力及知识与理解等要素。体育素养以品德导向、身心一致、全面发展为目标。2019 年开始我国学者试图借鉴体育素养教育理念作为新一轮深化体育教育改革的指导思想，以突破体育唯技术、唯体能的教学改革，将体育延展向整个生命过程。

体育素养涉及青少年学生"育德"方面的要素有如下几项。
（1）健康生活所包含的"健全人格"，即具有良好的心理素质、能适应社会发展的要求，自信、乐观；有较好的自制力，能调节和控制自己的情绪，遇到困难具有抗挫折能力。（2）责任担当所包含的"社会责任"，即具有终身发展所必备的品格；具有团队合作精神和互助意识；具有规则与法治意识，能明辨是非、主动作为、维护社会公平正义；（3）崇尚自由平等。正确理解追求自由是对自我和他人负责的思想基础上的自由，而不是唯我独尊，伤人害己的所谓"自由"。

（四）学校体育是"育德"宣传的特有阵地

学校体育与其他文化课程的学习方式有着较大的区别。体育教育以松散和统一在组织过程中相互交织的形式开展，活泼、活跃、活动是体育最鲜明的特征，也是体育教育的独特性所在。因此，在体育课或其他运动过程中，很容易展示学生遵守规则、步调一致、拼搏进取、勇敢顽强、团队合作等良好的体育道德精神。例如遇到运动疲劳、生理极限、肌肉酸痛等，克服困难和克服各种心理障碍成为常态；体育活动中完成一项练习任务甚至还需要动用意志力来维持；每一个参与运动竞赛的选手都必须遵守场上的比赛规则。以上体育教育特点，决定了学校体育"育德"价值的独特功能。运动过程中蕴含的"育德"内容是其他教育不可替代的。

二、挖掘学校体育中的德育元素

高校体育中德育的意义及其教育的功能，属于"知"的范畴，如何挖掘德育元素并在实践教学中运用，属于"行"的内容。怎样做到"知"和"行"统一，仍然需要探讨和进一步研究。只有挖掘师生双方在德育中的共同认知并进一步转化为和教学行动，才能收到体育中育德的成效。

（一）从教师爱学生的角度，挖掘促进学生身心健康的德育元素

学校体育教育中的"德育"元素蕴含在育人全程。爱生是德育重要的出发点，一切从学生需要出发，以生为本的体育是"育德"的首要使命。在这一前提下，所有简单或粗暴的教学行为都应摒弃，耐心、创新、适应大学生身心健康发展需求的体育教学理念应摆在最重要的顶层设计和实践路径之中。以美育和体育乐趣作为教学改革切入点来培育美好情操，这是大学生群体乐于亲近的德行教育内容。

（二）从师生爱国主义思想出发，树立积极进取精神

爱国是每一个公民的责任和行为准则。爱国不仅是大道理，还有活生生的例子。在体育教育中即有许多案例可寻。学校体育宣扬爱人爱校爱国等大爱文化，许多活动涉及队友、校友、国家等情怀教育。小到小组竞赛的团队友情，校际的大学生联赛，为校争光；大到国际大赛，中国五星红旗冉冉升起，爱国教育在一次次较量中深化。比如中国女排精神曾经激励了一代青少年。体育虽然无国界，但教练有国界，就像科学无界，但科学家有国界

一样。为谁学习、为谁贡献这些德育问题，通过竞技体育、胜负游戏于无形中实现。

学校体育除了传习运动知识、技能和方法之外，还传承着优秀体育文化。体育教师在传授知识和技能过程中，必须渗透优秀运动员的爱国精神风貌、为国顽强拼搏的意志等。体育教师必须大力宣讲运动员爱国事迹与拼搏精神，帮助学生以优秀运动员为榜样，培养学生爱国情怀、积极进取与奋勇拼搏的精神。

正如弗莱克斯纳指出的那样："总的来说，在保证学校的高水准方面，学校精神比任何设施、任何组织都更有效。"奥林匹克运动弘扬更高、更快、更强的自我挑战精神，竞技体育面对成功与失败需要勇敢坦然处之。在学校体育中开展竞技教学，可以培养学生的团队意识，进而升华为爱国精神，塑造新一代有竞争力的爱国者。

（三）从公平与公正体育风格角度，树立"公平、公正、公开"的德育元素

体育场上的竞争力求公平，其实质就是平等。运动场上竞争的群体不分种族、肤色、国家、信仰、地位、阶层以及高矮。同场竞技，要求所有人自觉遵守规则，以公平的原则对待竞争，这种公平性在参与者心里是潜移默化的。竞赛中要秉持平等理念，不可无视规则，歧视他人，更不可歧视某些年青的选手。公平竞赛是体育比赛的原则，是参与竞争者的优秀品质，只有秉持自身的实力参加竞赛、战胜对手、赢得桂冠，才能得到对手的赞许、

赢得他人的掌声。

公平性是体育竞赛的一个方面，体育竞赛的公正性也需要在运动竞争中呈现。在伦理学中，许多学者对公正性进行了阐述，其意就是"没有偏倚"。每一项运动竞赛都有其独特的"游戏"规则。奥林匹克运动会成为各个运动项目的大家庭，为每个运动项目设置了其应有的体育竞赛规则和评判准绳，维护了运动竞赛的公正性。一些争议比较强烈的运动项目，也采用了高科技进行辅助裁判。如网球项目使用鹰眼协助裁判员辨别球是否出界；足球项目则采用了视频助理裁判（VAR）帮助主裁判做出决定；篮球、乒乓球、羽毛球等运动可以通过录像回放帮助裁判员判别犯规的具体情况。除此之外，科技手段还被应用到对于一些违背公正原则的判别工作中，如兴奋剂、黑哨、假球等。体育是人类非战争性的竞争游戏，保持运动竞赛的纯洁性、公正性是组织者的重要工作。

体育运动是人们日常生活的一部分。体育竞赛活动中体现的公平公正原则，引导人们遵守规则行为，可成为人们的情感体验。这种体验可以逐渐渗透到人们的生活中。因此，大学生在体育竞赛的公平公正性的教育下，日复一日、潜移默化，养成正直与诚实的品德，有助于培养其处事公正的理念与信念。逐步树立正确的世界观，能够以公正、诚实的品德面对社会。客观公正的处事理念和原则对于净化社会、共建公平、公正、和谐美好的社会是一股新生力量。

（四）从健康心理的角度，挖掘学生竞赛胜负观的德育品质

学校体育比赛可以给学生带来或开心或落寞的胜负体验。当比赛获胜时，学生会感到欢欣鼓舞；当比赛告负时，则会显得失落甚至伤心落泪。不管比赛是胜利还是失败，都会对学生内心产生震撼。这种体验无论学生是否喜欢，都必须承受、坦然面对。比赛中的胜利或失败，可以让学生造就一颗平常心，能够有宽阔的胸襟和不凡的气度。通过体育活动，可以让学生正确理解"对手让你变得更加强大"的哲理，学会感谢对手使你变得更强。把德育思想教育迁移到生活中就是敢做敢担当的品质。当你遇到困难、挑战与挫折，你就有勇气挑战去获得成功。体育德育元素之一即是痛苦、失利与挣扎的忍耐心，竞争的乐观和坚持心，只有具备这样的胸襟、气度与平常心，才能更好地对待比赛中的胜负与输赢。

体育竞赛可以让学生亲身体验赛场的胜负。竞赛的不可预测性，可以让学生明白运动场上没有永远的胜利者。学生通过体育竞技场的不断历练和洗礼可以从中悟出处事的态度、人生的价值。胜败是生活中常有之事，正确对待胜负、戒骄戒躁，有利于促进学生的成长。

（五）挖掘团结与合作德育元素，培育个人在集体中角色作用的思想品质

加拿大学者哈格里夫斯指出："以往的教育改革着力于从外

部促使学校成为变革的场所，而更为重要的变革力量应该是产生于学校内部的以人际关系互动为中心的教学文化。"

学校体育各类竞赛活动中处处存在竞争，但竞争中寻求合作又是值得体验的品质。体育竞赛活动可以培养学生强烈的对抗精神、取胜斗志，这不仅是体能、运动技能方面的较量，更是智力、智慧方面的对抗。在体育竞赛活动中，既要求与对手公平的竞争，同时也要求同伴之间的良好合作与帮助。这是因为一方面与同伴的合作是团队取胜的关键，另一方面个人在团队中的业绩又是评判个人地位与作用的指标。以集体项目篮球、足球、排球三大球的比赛为例，组织布阵是重要战术的基础；明确各个位置队员的本职责任和配合的角色工作，才能发挥集体的最大优势；最佳的排兵布阵以及战术的贯彻执行是集中力量去战胜对方的法宝。学校体育教学中，多设置一些集体参与的项目，让学生体验团队的协作力量。完成一个活动后，留出充足的时间让学生发言，谈谈自己的感受。经常参与团队活动的学生，在体育竞赛中能够正确处理个人与团队的关系。其协作的能力会得到提高。在团队合作中，为他人着想，为集体贡献的精神得到提升。

三、学校体育德育功能的实践原则

（一）体育教师提高自身的师德水平

新时代要求体育教师具有较高的职业道德与专业修养。教师自身的言行对学生的影响是潜移默化的。体育教师师德水平与专业素养体现在：（1）要主动学习把握学生身心发展规律，把为学生着想放在教育的第一位，备课时充分利用我国优秀运动员的典型事迹教育培养青少年学生的爱国情操；（2）要善于利用体育锻炼的特点，深入研究体育健身方法与实现路径，更有效地服务于青少年学生的身体机能发展；（3）以身作则，增强育人的主动性，树立体育教师品德的模范与榜样作用；（4）要在体育教学中，培养学生的竞争意识和团队合作精神，在教学比赛中公平公正地处理好各类问题，引导学生正确的比赛胜负观以及抗挫折能力；（5）要担负起新时代教育责任，适时地将立德树人的"育德"内容融入渗透到体育教育教学中，发挥学校体育育人价值的成效。

（二）树立正确的学校体育育人的理念

学校体育归于学校教育范畴。随着我国教育理念的转变，以夸美纽斯和赫尔巴特的教育理论为依据形成的"以课堂为中心，以教科书为中心，以教师为中心"的教育理念，已无法适应新时代中国特色社会主义教育事业的发展。为适应立德树人新时代教育改革发展的趋势，2014 年教育部印发《关于全面深化课程改革落实立德树人根本任务的意见》提出"围绕学生全面发展为中心的核心素养体系"，推进学生全面发展已成为全面推进素质教育的最高目标。学校体育教育成为发展学生核心素养的重要抓手，落实立德树人根本任务的重要措施。在教育观念发生转变的当下，以学生全面发展为中心已成为学校体育教育体制革新的内在要求，即在学校体育教育体制革新过程中，注重以人为本、以学生发展为中心，创新学校体育育人功能，发挥其培养学生全面发展过程中所需的实践能力、组织能力、创新精神的作用。

（三）正确处理"教书"与"育人"的辩证关系

首先，学习知识是途径和手段，而不是目的，所以不能以学习知识为中心。相反，知识的学习要围绕人的发展进行。结合体育学科，高校体育具有传授运动知识、运动技能与健身手段和方法等"教书"层面的价值，但如果学校体育的价值仅停留于此是不够的。学习与掌握运动技术与技能是基础，育人才是本质。习近平总书记多次提到大学教育的根本是"立德树人"。其中发展学生身体素质的"育体"是方法，培育学生体育道德的"育德"是核心。"教书"的全过程是"育德"的全过程。因此"教书"的主导者——教师，要自觉地按照社会主义核心价值观与党的教育事业要求、观点和思想去影响学生。其次，体育教师在实施教学过程中，应具有高尚的品德和修养并具有正确的世界观，因为教师对学生体育道德的影响是潜移默化的。再次，"育人"价值的实现需要结合学科特点。传统灌输式教学最大的弊端在于关注运动技术教学，忽略了体育道德的"育德"意识与行为。因此，在实施运动技术教学的同时，要正确处理好运动技术教学与身体发展、体育中的"教"与培育品德之间的"育"的关系，即充分利用体育学科特点，通过运动技术教学过程实现"育德"目标。

第三节 体育课程思政实践案例

课程思政是在"大思政"背景下，将思政德育融入所有课程教学的有益探索。作为高校公共体育课教师理应担负起课堂"育人"的重要职责，深入挖掘公共体育课程所蕴含的思政德育内涵和元素，积极探索体育课程思政德育的设计与实施，围绕体育课程思政的教学目标，有的放矢选择思政教学内容，创新课程思政的教育教学方法，实现体育知识传授和思想价值引领同步同行。本节以福建江夏学院 2020 年的 1 个"课程思政"优秀团队和 2 门"课程思政"示范课程教学为例，阐述如何将思政德育融入高校公共体育课程教学。

一、定向越野课程"思政育人"教学案例

（一）"思政育人"典型教学案例 1——定向越野虚拟仿真实验课程

【教学目标】

（1）虚拟仿真体验

通过趣味定向比赛，将识图知识与具体操作相结合，以理论

指导实践，强化理论知识的掌握，实现理论与实践的统一。通过船政文化知识趣味答题闯关，知晓中国船政文化历史的荣辱，激发爱国热情，树立主人翁责任感。

（2）定向越野运动是利用地图和指北针到访地图上指示的各个点标，以最短时间到达所有点标者为胜。图例是组成定向地图的基本元素，因此熟练掌握识图技能对提升定向越野运动成绩具有重要意义。通过"马尾船政文化遗址群定向越野虚拟仿真实验"平台的趣味定向比赛，对已学的定向越野图例知识加深理解并能熟练运用，巩固定向比赛流程相关知识。作为闯关检查点，趣味定向比赛有8个三维历史遗址建筑知识问答，回答正确方算闯关成功，到访所有正确顺序的检查点算完成比赛。本节课回答问题的过程就是体育课程思政育人过程。

（3）学习马尾船政历史并与今天中国强大的海军相对照，让学生体验新中国成立前后的变化，理解强壮身体与爱国的相互关系。明确为谁强体，为谁学习的关键命题。

【教学实施过程】

（1）在大学生身心健康与素质拓展虚拟仿真实验中心，教师向学生简要介绍定向越野虚拟仿真项目及本节课主要内容和注意事项。

（2）简要介绍本节实验课的操作规范和流程。

（3）同学们登录平台进行虚拟仿真实验。

①选择"趣味定向赛"模式；

图 3-1　马尾船政遗址群虚拟仿真实验结合船政文化的趣味定向赛示意图

②移动到起始点的桌子前分别佩戴好指卡，靠近并将中心点对准指卡按 E 键进行佩戴；

③视角转向到指北针，点击 E 建将指北针佩戴到左手；

④将中心点对准桌面上的地图，点击 E 键，获取地图后按 M 键可以随时打开/关闭地图；以上已经完成道具装备及佩戴操作；

⑤将中心点对准指卡消除设备，点 E 键，画面同时会出现打卡动作以及滴的声效，然后画面还会出现开始的倒计时；

⑥打起点卡，右上角开始计时；

⑦按 M 键，打开地图，观察指北针的指向，开始确定第一个打卡点的方向，并朝着判断的方向前进；在行进过程中根据检查点的位置，选择最佳的前进路线；

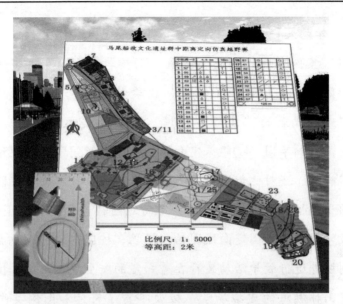

图3-2 马尾船政遗址群虚拟仿真实验路线轨迹分析图

⑧靠近检查点，按"E"键并发出"哔"的一声，第一点签到成功，接着画面出现马江海战烈士墓的知识问答，回答正确才能继续；

⑨按照地图的路线依次打卡，并完成中国船政文化博物馆、绘事院、中坡炮台、罗星塔、昭忠祠、英国领事馆、轮机车间等历史知识问答；

⑩打终点卡，完成本场虚拟仿真趣味定向越野比赛。

（4）教学讨论。

①回顾本节课，定向越野趣味定向赛学习有什么收获？

②这和线下的定向越野区别在哪，有需要改进的地方吗？

③船政文化知识中，印象最深的是什么，有何启发？

【教学效果】

（1）案例开展的意义和价值。①教学理论和具体实际紧密联系。俗话说"百闻不如一见"，让学生在教学过程中亲眼见到各知识点所代表的"实际"环境，使知识点更加鲜明、生动，记忆也就更加牢固。②趣味定向赛不仅强化了同学们对理论知识的应用能力，还对他们进行了爱国主义教育。③解决了校园定向地图的局限性和图例少的问题。定向地图符号和图例类型繁多，传统教学受限于校园定向地图的固定性；校园内地形地貌类型有限，到校外进行教学活动又存在着一定的安全隐患，仿真技术能够构建山林湖海的虚拟场景，极大丰富了符号和图例类型的使用，扩大了定向越野识图学习的知识量。④丰富教学手段，有利于调动学生的学习积极性和主动性。定向运动是以跑为主要形式的运动，用青年学生熟悉的游戏模式来练习定向技能，学习定向知识，有利于调动他们学习的积极性和主动性。趣味定向赛不仅丰富了教学手段，而且可以从青年人的视角，让虚拟仿真实验平台更加完善。

（2）主要成效和特色。①将虚拟仿真技术成功运用于体育课堂教学，突破定向越野识图难的问题，丰富定向课堂教学手段。②在体育课教学的同时进行爱国主义教育，体现体育课思政育人的责任。

（二）定向越野教学——短距离越野课程

【教学目标】

①巩固定向基本知识，熟悉短距离赛的规则流程。②锻炼学生持图定向快速跑的能力，提高学生的耐力。③培养学生独立识图的能力和对定向运动的兴趣。④培养学生独立思考、独立解决困难的能力。

【教学实施过程】

①设计思路。在掌握了定向越野基本知识（指北针使用、路线选择、识图技能、定向赛规则与流程）前提下，按照教学大纲进度，安排短距离定向越野跑，意在通过跑图，巩固提高定向基本知识和持图跑的能力。课堂练习要求每个人完成一张正确有效的短距离图。男生 4 张平行路线图直线距离为 1.8 千米，女生 4 张平行路线图直线距离为 1.5 千米，练习时随机抽取一张。检查点有的设在形状相似的树篱拐弯处；有的设在植被分布对称的图书馆某棵独立树下；有的在容易混淆的"品字形"排列的四、五、六号楼建筑物拐角处。大家根据自己的定向路线地图，依次正确到访地图上所有检查点。

本节课的定向练习路线图中，有的前后两个检查点，在图上距离只有 10 米，实际却要绕行 300 米。有时跑错了方向，有时路线没有规划得很合理，所以跑完整张图的路程可以达到 2.5 千米至 3.5 千米。如果单纯奔跑这么长的距离，很多"谈跑色变"的大学生，会找借口回避。由于定向运动有着寻宝找点的趣味与刺激，学生们完成每个检查点就好像达成人生某一阶段的小目标。学生们凭借自己的正确判断找到目标点，一次次成功打卡，这让他们没时间感受疲惫，不知不觉就跑完了全程。短距离越野赛慢慢得到大家的认可和喜爱。

教学实施过程：集合点名，宣布本节课内容，安排见习生。

准备活动：慢跑，关节活动，肌肉韧带拉伸活动。

按区域划分，分小组布点，每个小组布 3—4 个点，布点完成后交叉巡点，纠正放置错误的点。

全部同学在起点集合，领取指北针、指卡并进行"清除"。按照定向越野跑出发规则，男生在四张图（M1、M2、M3、M4）后方排四列纵队，女生在四张图（W1、W2、W3、W4）后方排四列纵队，每隔 1 分钟出发一批（8 名）同学。

打"起点"领取地图，按照图上检查点的顺序依次打卡，完成后打"终点"，最后打"主站"出成绩条，核对成绩是否有效。

交流跑图感受，拉伸放松肌肉，教师总结。

收点，清点器材，下课。

【教学效果】

大家完成后不是累得坐到地上，而是互相分享跑图过程，所以这不是寂寞的跑步过程。每次练习时，很少人会提早关心这张图要跑多少距离，而是聚力在怎么规划路线精确找点打卡，尽快完成比赛。赛后，悦跑圈晒出的运动轨迹，不断刷新最长跑步距离，激发着学生们身体潜在的耐力素质，挑战了自我。定向越野练习可以达到增强体质，收获自信的思政育人目标。

有些同学在找点时，没对好指北针，跑错方向；有的大致方向对，却被相似点迷惑了；有的跑得蒙圈打错点等。这些情况在练习时经常遇到。他们总是能停下来冷静思考，及时纠错，坚持完成。定向越野练习可以达到培养学生独立思考、独立解决困难的能力，锤炼其意志品质的思政育人目标。

通过本节课的教学，基本完成了教学目标，学生在识图和持图跑能力方面都有一定的提高。这项运动将以往单调的跑变成了有趣的游戏跑，有些同学跑下来后满头大汗但脸上还是挂着微笑。一个比较胖的女生高兴地对我说："老师，我今天把这一周的距离都跑了。"我问她累吗，她笑着说："不累，还挺有意思的。""我很害怕跑步的，但是当我每次听到打卡声——滴，我又找对一个点，莫名的兴奋，就这样完成了整张图。"同学们基本上都可以跑完一次，有些男生稍微鼓励或引导一下就可以跑两次，虽然满头大汗，但下课都还意犹未尽。看着我们的学生手拿地图在操场上跑，其他班的同学也想加入。

本节课的教学虽不是一节特别好的优质课，但是在培养学生的德、智、体等方面都起到了积极作用。既能提高学生的兴趣，又可以培养学生识图、合作、交流等各项能力，帮助学生在锻炼中寻找乐趣、增强体质、健全人格、锤炼意志。

二、素质拓展课程思政教学案例

素质拓展训练课程——信任背摔

【教学目标】

①通过信任背摔项目，继续完成班级的团队建设任务；

②让同学们认识到自信和信任的重要性；

③培养克服恐惧与面对挑战的积极心态；

④培养团队内部的相互信任，感受互相帮助与关爱，体验信任对完成任务的作用。

【教学实施过程】

（1）接人动作布置：做右弓步，双手伸出，手掌掌心向上交叠放在对方锁骨上（注意五指并拢，拇指不能向上）；前后两人要将脚和膝盖贴紧，腰挺直，抬头斜向上45度看背摔者。

（2）背摔者动作布置：背摔者手弯屈体前、握拳抵住下颚，双手手腕用绳带绑后，背摔者站在台上，直立、含胸、低头，准备背摔。

（3）在人床搭建完成后，轮流体验高台背摔以及保护背摔者的练习。

（4）练习后同学分享感受，队长总结，老师提炼活动意义。

【教学效果】

（1）案例开展的意义和价值。

本节课在信任背摔项目体验环节，除了3名同学腰部受过伤没有参加外，其他同学或自告奋勇，或经过鼓励都站上了背摔台，全部安全地完成了项目体验。每个人的情绪从开始的又期待又紧张到完成后的又兴奋又自信，足以证明这个项目的教学效果是令师生满意的。

通过体验，同学们结合学习成长过程和生活经历，做了很好的分享。同学们说大家臂膀是温暖的，安全的，值得信任的。当站在背摔台时内心是忐忑的，回头看看大家坚定的眼神和充满力量的保护，放心了。做好保护很辛苦，但是为了大家的安全我义无反顾。这种感觉很好，我们是相亲相爱的一家人。因为有你们，所以我才能！对不起，我没做好，坐着下来了，砸到你们了。挺害怕的，今天我战胜了自己内心的恐惧，靠的是大家的帮助，感谢你们……

同学们时刻以认真、积极的态度进行项目体验和分享，互相关心、互相包容、互相鼓励；很多平时不爱说话的同学也有独特的见解和肺腑发言，这让项目的目的超过预期。在我要求每个队长带领其他队员高喊"某某你真棒"时，看到受表扬的同学脸上洋溢着笑容，我觉得同学们融进来了，这是大海的包容，更是一滴水找到了它的归宿。大家高喊小二班（班级昵称）是最棒的！同学们觉得这是一堂体育课、思品课、哲学课、素质教育课。这种教与学的过程是愉悦的，是教学相长的，是让教师有危机感的。通过交流，一方面让我们授课老师能读懂他们，理解他们；另一方面我们要与时俱进地充电学习，保证知识的新鲜。

（2）主要成效和特色。

①思政育人主题突出。身心融合的素质拓展课，以培养应用型人才为目标，结合大学生身心特点设计教学内容。根据大学生成长中遇到的（自信、感恩、责任、安全规则意识等）问题，团队协作需要解决的（信任、沟通、奉献、团队协作意识等）问题来安排体验式学习授课项目。

②将思政育人和自育很好地结合，实现自主学习。项目学习采用体验式学习模式，倡导知行合一，从做中学的理念。在知识多元化背景下成长起来的当代大学生，有着很好的知识结构和思维方式，通过项目体验，让他们体验小游戏讲出大道理，鼓励他们结合自身，将感悟分享出来，思辨，去伪存真，互相影响，让有意义的体验变成有价值的经验。

三、健身气功八段锦课程思政教学案例

（一）"思政育人"典型教学案例 1

运动与健康课程

近几年随着高考扩招，我校体弱病残学生逐年增多，而"对部分身体异常和病、残、弱及个别高龄等特殊群体的学生，开设

以康复、保健为主的体育课程"，是《全国普通高等学校体育课程教学指导纲要》的明确规定。

2014 年以来我校开设了健身气功八段锦、六字诀等大学体育3-"健身气功"公共必修课，至今有 6 个班、近 200 名残障学生选修了该门课程。该课程内容系统、内涵丰富，不仅简单易学，而且在体医融合、保障残障学生的运动权益、促进残障学生身心发展、树立正确的人生观等方面起到明显的作用。

残障学生，是指由于疾病或外伤所导致病理损害的学生。这部分学生群体由于生理功能障碍或病理损害造成与其年龄、性别、文化相适应的社会角色方面的困难，出现社会功能障碍、社会环境障碍。这部分学生群体健康水平要比那些健全的同龄人低，应当得到学校、社会的理解、尊重、关心和帮助。我们开设大学体育3-"健身气功八段锦"课程，旨在通过体育活动来恢复和创造出残障学生学习生活必需的心理条件和身体条件。

【教学目标】

着重"三调"，激发学生心理和生理活动。

残障学生普遍存在不同程度的不良心理，如：抑郁、不自信，甚至自我封闭、社交障碍等，同时机体功能障碍导致活动能力受限。我们在授课过程中，应照顾到残障学生的特点，选择坐式八段锦和六字诀，发挥健身气功"调心、调身、调息"的特点，有针对性地帮助这部分学生群体调节生理活动和心理活动，引导学生保持心理平衡、开阔心胸，从而使机体获得良好的效应和变化，激发和调动人体自身与外部环境的交互。学生通过坚持锻炼，身心得以愉悦，促进大脑皮层有意识主动干预，改善身体和心理状态，从而促进身心的自我和谐统一。

【教学实施过程】

(1) 韧带拉伸练习和呼吸方法学习。

它是通过筋骨的拉伸、呼吸吐纳、宁心静气，来联络和调节机体的气血、脏腑和肢节。健身气功动作要领均遵循人体经络运行规律，柔和缓慢、圆活连贯，松紧结合、动静相兼，神与形合。

(2) 分解动作练习。

能够通过动作微循环，达到通经活络的目的。例如患有小儿麻痹后遗症的学生，不便站立，运动对他们来说是种奢望，而健身气功六字诀，克服了他们身体机能的缺陷，不需要移动下身肢体，侧重锻炼他们的上肢和心肺功能，通过强化"细、缓、深、长、匀、柔"的主动腹式呼吸，辅助简单的上肢活动，使肺部气量交换增大，改善呼吸循环。

【教学效果】

在课程习练中，学生通过心理和身体活动，认识并找到合适的锻炼方法，意识到他们也可以和普通同学一样掌握一项健身技能。积极参与体育锻炼，不但可以改善和恢复机体自我调节功能，促进并逐步形成良好的心理状态，而且能从根本上帮助学生树立、提高生活自理能力和参与社会活动的信心，塑造出完美健康的性格和心理素质。在课程考评中，对待残障学生依然要遵循严格考勤和考核，使他们感觉到并没有被区别对待。他们在掌握健身技能的过程中，明显活跃、开朗和自信了许多，对自己的身体状况也能从不愿正视转变为正确对待。

图 3-3　运动与健康课程示意图 1

图 3-4　运动与健康课程示意图 2

（二）健身气功训练课

【教学目标】

通过融入健身气功组织网络和交流比赛体系，在日常活动、训练和比赛中，带动全民健身，传承中华传统优秀健身文化，服务学生身心发展，践行社会主义核心价值观和学校精神。

【教学实施过程】

2018年在福建省体育局健身气功协会指导下，我校健身气功协会成立。近几年我校依托健身气功协会积极开展活动，先后有200多名学生成为协会成员，并在此基础上组建了健身气功队。健身气功训练课由身体素质训练，基本动作组合训练，比赛套路训练构成。

图3-5 健身气功运动队全国比赛获奖图

图 3-6 健身气功运动队全国比赛获奖图

课堂组织：（1）准备活动，韧带拉伸；（2）基本的训练；
（3）个人套路训练；（4）集体套路训练；（5）动作纠正互评；
（6）放松游戏。

【教学效果】

参加国家和福建省健身气功竞赛，取了优异的成绩。近两年
有 12 人次在国家比赛中获奖，36 人次在全省运动会和全省高校
健身气功锦标赛中获奖。2019 年，我校在全国高校健身气功锦
标赛中获普通院校易筋经集体赛一等奖和马王堆导引术集体赛二
等奖；获福建省高校健身气功锦标赛甲组集体导引养生功十二法
一等奖。宋瑞泉获福建省省运会五禽戏冠军以及全省高校健身气
功锦标赛全能亚军。

取得成绩的背后是健身气功协会和健身气功班的优秀学生与
老师们，在长期的日常研习、训练中，克服困难，艰苦训练、不

畏强手、团结协作、顽强拼搏的精神。这是践行"博学于文、修身以德"的校训精神和社会主义核心价值观在第二课堂的重要体现。

（三）健身气功八段锦网络微课程

【教学目标】

促进信息技术在教育教学中的广泛、深入应用，逐步实现信息技术与教育的深度融合，用信息技术去创新教学，引领教育体系变革。面对新时代大学生，高校教师要运用新媒体新技术使工作活起来，增强课程思政的时代感和吸引力。

【教学实施过程】

2020 年 9 月以来，依据国家体育总局健身气功管理中心编撰的《健身气功导论》和《健身气功八段锦》通用教材为要点，按照大学体育 3-《健身气功八段锦》教学大纲，拍摄大学体育3-"健身气功八段锦"微课程。课程包括概述、功法基础、功法分解动作、连贯动作展示等共 12 个章节。通过对功法历史源流、传承创新、功法研习的深入讲解，结合时代背景和丰富的史料，以及规范、详细动作的讲解和富有感染力的画面和音乐，不仅丰富和拓展了教学形式，更让学生随时直观地了解和学习功法。

【教学效果】

2020 年以来，结合 AI 人体动作捕捉技术，开展人工智能、大数据及 5G 技术在体育教学中的应用研究。

重点研究基于现代信息技术手段的教学信息呈现方式，教学组织方式及教学流程、教学评价体系发生的变化等。

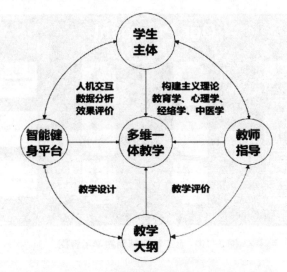

图 3-7 新一代信息技术辅助健身气功教学模型

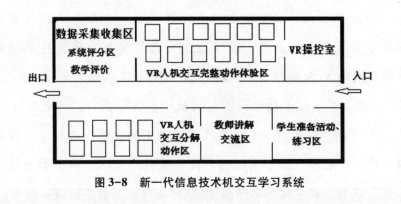

图 3-8 新一代信息技术机交互学习系统

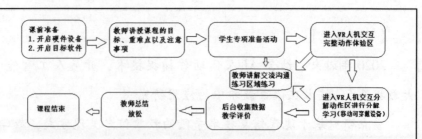

图 3-9 新一代信息技术辅助下的高校健身气功教学流程设计

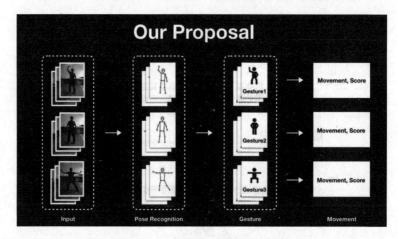

图 3-10 人工智能辅助教学示意图

应用新一代信息技术，创造人机互动的辅助教学手段

2018 年以来，江晓敏老师关注并与企业开展新一代信息技术在体育教学中的应用，在学报上发表了《虚拟现实技术辅助下的健身气功教学研究》，获"虚拟现实技术辅助教学评价系统""虚拟现实技术辅助健身气功教学系统"两项软件著作权。

2019 年申报的"虚拟现实技术辅助下的健身气功教学"获校级立项，开展的"基于虚拟现实技术的健身气功服务平台与应用示范"课题，经学校推荐申报 2020 年省科技厅引导性项目评审。

通过人工智能技术在辅助体育教学应用的研究，最终目标是希望可以创造一个人工智能的八段锦助手，实现学生通过手机移动端，随时随地进行人机互动学习、过程纠错，以及习练效果过程数据采集和评价工作，从而改进传统的单纯依照视频锻炼的方法。通过人工智能技术可以为普通的锻炼者提供更多的交互性和反馈，成为学生自主学习、建立起对健身气功的全面立体的认知，显著提升健身气功教学效果，引导学生用创新的理念，传承中华优秀传统文化，增强健身气功课程思政的时代感和吸引力。

四、篮球课课程思政教学案例

篮球技术教学课程

【教学目标】

以习近平新时代中国特色社会主义思想为指导，结合政治导向、师德风范、核心价值、学习伦理等内容，将篮球课程中的价值引领和育人功能等作用贯穿到教案、教学进度和教学大纲中，坚持价值引领与知识传授相结合进行篮球课程教学设计；通过篮球运动，培养学生的规则意识和勤于钻研、自制、坚韧、果断、独立的优良品质，提升学生的体育审美意识；了解篮球文化，促进学生身体素质、审美意识、道德品质、人文精神和运动技术全面发展。

（1）完善篮球课教学文件思政元素融入。

对教案进行教学方法、教学任务、场地器材、运动负荷以及课后小结等环节的设计；对教学进度进行教学策略和教学法的整合，科学融入教学内容；在教学目标、教学内容、时数分配方面加强思政元素的融入。

（2）加强篮球课教学过程思政内容融入。

在实践课和理论课的教学中挖掘思政元素，通过发挥教师引导、党员模范、团队合作和骨干带头等方式，使学生在学习中能够积极主动地进行练习。在成绩评价中，结合多角度的评价方式，进行多维度的成绩综合评价。

【教学实施过程】

（1）完善篮球课教学大纲思政元素融入设计。

作为高校体育教学中的球类课程，篮球课的重要性不言而喻，篮球课一定要充实教学大纲的建设，充分挖掘价值引领的思政元素，并结合其自身运动的特点，紧紧围绕思政元素进行课程思政改革。教师可以调整实践课与理论课的教学内容及时数比例，明确"立德树人"的教学目标，将思政元素的内容科学地融合到教学内容中，整体把控教学过程中对学生思政价值的引领。

（2）打造篮球课教学进度思政元素融入标准。

首先，对于篮球课程思政教育改革，有关部门应提出改革的要求以及标准，主动开展篮球课程思政的网络学习、专家讲座和学术交流等，促进篮球课教师能够更加准确地把握课程思政教学改革的方向。其次，篮球课程所在的教研室应定期开展课程思政相关的教研活动，讨论改革成效，对课程思政表现突出的教师给以表彰鼓励，对教师的教案、教学进度等定期检查。再次，组织不同项目课程的教师开展体育课课程思政改革经验交流，对教学进度、教案等教学文件的思政化引起重视，要敢于创新、勇于创新，提高教师对课程思政教学的主动性，加强课程思政理论知识的学习。

表 3-1　课程思政教学进程

教学章节	德育目标	思想政治教育融入点	教育方法与载体途径
第一章 移动技术	培养学生果断、坚韧、自制、独立、勤于钻研、有规则意识等优良品质。	集合整队（讲文明、重礼仪、规则意识、纪律观念）；移动技术教学（吃苦耐劳、拼搏争先）	教育方法：典型榜样法、表扬批评法；载体途径：建立与执行课堂常规，并紧密结合教材特点。
第二章 传接球	培养学生果断、坚韧、自制、独立、勤于钻研、有规则意识等优良品质。	集合整队（讲文明、重礼仪、规则意识、纪律观念）；传接球技术教学（团结协作、集体主义）	教育方法：典型榜样法、表扬批评法；载体途径：建立与执行课堂常规，并紧密结合教材特点。
第三章 运球	培养学生果断、坚韧、自制、独立、勤于钻研、有规则意识等优良品质。	集合整队（讲文明、重礼仪、规则意识、纪律观念）；运球技术教学（竞争意识、积极进取）	教育方法：典型榜样法、表扬批评法；载体途径：建立与执行课堂常规，并紧密结合教材特点。
第四章 投篮	培养学生果断、坚韧、自制、独立、勤于钻研、有规则意识等优良品质。	集合整队（讲文明、重礼仪、规则意识、纪律观念）；投篮技术教学（敢于挑战、精益求精）	教育方法：典型榜样法、表扬批评法；载体途径：建立与执行课堂常规，并紧密结合教材特点。

（3）加强篮球课教案思政元素融入设计。

为了给教师在课程思政教学中提供坚实基础，应加强在篮球课教案中科学地融入思政元素。跳出传统教案的束缚，不但在教学过程包括教学方法、教学模式等方面融入思政理念，还要在教学任务中充分呈现篮球课程思政元素，从而改善篮球思政教学的质量，提升思政化教案建设的执行力，使教师重视篮球教案思政元素的融入。加强不同专业教师之间的交流，不同专业课程思政教案对篮球课程思政也会有触类旁通的效果，因此要主动与优势课程的教师交流沟通，为篮球课程教案提供创新理念。

为了更方便地融入思政理念，依据《现代篮球高级教程》的教案表格形式，在学校规定的教案格式基础上，对新教案添加"思政引导"栏，让教师在备课的同时，更为直观地掌握教学各环节的组织形式和思政育人元素。新教案可以将思政育人理念贯穿整个教学始终，科学地设计教学内容。通过游戏法、党员示范、团队配合、教师引导和骨干带头等形式来激发学生的积极性。以下为"行进间双手胸前传接球"篮球实践课内容的教案分析。

首先在课前开始部分，为了体现为人民服务的担当精神，培养学生诚信意识，包括不迟到、早退等意识，要求学生提前到达上课地点，并组织学生轮换值班借器材。在课的准备部分，为了培养学生互敬互爱、尊敬师长的精神，师生问好环节要求学生行鞠躬礼；要求学生注意个人形象，着装得体，集合时做到快静齐，培养学生的规则意识；热身活动部分，要激发学生上课的主动性和积极性，进行拉伸活动，做好充分准备；在整队练习时，培养学生纪律观念和集体主义精神。

其次在课的基本部分，要求学生有精益求精、努力争先的求知精神。教师引导，从技术动作上给学生做好表率，抓住学生的注意力；对违反课堂纪律的学生，除口头教育外，可以适当增加其运动量作为惩罚，这既能培养学生的规则意识，还能维持课堂纪律；在游戏活动中要培养学生的团队配合、法制观念和集思广益的精神。

最后在课堂结束部分，要培养学生坚持到底、做事有始有终的精神。下课集合整队时，对本次课的学习和练习效果进行抽查，这既能培养学生敢于挑战和展示自我的精神，又能为本次课的教学效果进行评估；在课后小结时，对纪律观念差的学生要进行引导，对身体素质差的而学习认真的学生予以鼓励，对表现好的学生要进行表扬。总而言之，要以鼓励为主，培养学生终身体育的意识和对篮球运动的兴趣。布置课后体育锻炼作业是为了培养学生更好地掌握和复习篮球运动技能，培养学生养成锻炼的习惯。在场地器材的使用方面，可以针对场地器材维护的重要性进行一些常识讲解，从而培养学生乐意助人、无私奉献和爱护公共财物的精神品质。

另外，在篮球课课程思政实践教学中，从开始部分到结束部分的各教学环节中，都要以学生为主体，并对学生进行正确的价值引领。

表 3-2　篮球实践课教案融入课程思政理念设计

授课时间	第 7 周			
授课方式 （请打√）	√讲授	□上机	□实验/训	□其他

授课题目（章节或单位课时）：

第二章　传接球

第四节　行进间双手胸前传接球

教学目的与要求：

1. 初步了解行进间胸前传接球，使 90%的学生能够领会动作要求。

2. 熟悉行进间胸前传接球特点，培养团结协作的集体主义精神。

3. 通过练习掌握行进间传接球，使 65%的学生能够熟悉掌握技术动作。

教学重点与难点：

重点：传球：蹬地、伸臂、抖腕、拨指。接球：迎球、后引。

难点：跨步接球、迈步传球。

教学内容	组织教法
一、课的开始部分（5 分钟） 1. 体育委员整队，检查并报告出勤情况 2. 教师宣布课的内容、任务 这堂课是学习行进间胸前传接球技术，我采用课堂练习法和游戏法教学，希望学生在活动中既能快乐活动、熟练掌握篮球传接球技术，还能培养团队合作的集体主义精神；同时，在活动中引导学生积极参与竞争、超越自我，并以国际篮球明星易建联、姚明等为国家荣誉顽强拼搏的爱国事迹为题材，开展爱国主义教育，培养学生为祖国争光的荣誉感、责任感和自豪感。 3. 安排见习生	教学步骤 一、成四列横队 ×××××男× ×××××女○ ○○○○○○教师◎ ○○○○○○ ◎

续表 3-4-2

二、课的准备部分（15分钟） 运球慢跑2圈  **图 3-11** 左右手互传球小步跑1圈  **图 3-12** 2. 徒手操 （1）扩胸运动（4×8拍） 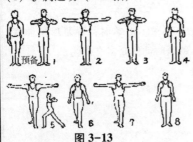 **图 3-13** （2）踢腿运动（4×8拍） 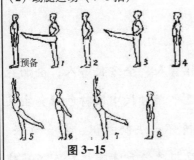 **图 3-15**	二、要求学生集合"快""静""齐" 教学步骤 （一）学生绕篮球场边线成图3-14 形跑成圈，做如图3-11、图3-12 动作慢跑后，回原地成广播体操队 形散开。 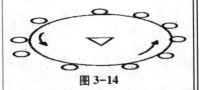 **图 3-14** 要求：队形整齐，遵守纪律，认真 完成动作。 （二）教师讲解、示范，学生练习。 1. 要求：动作刚健有力并富有弹性 2. 要求：踢腿时两腿伸直，上体 保持正直

续表 3-4-2

（3）体侧运动（4×8 拍）  **图 3-16**	3. 要求：体侧时两臂伸直，身体不能前倾
（4）体转运动（4×8 拍）  **图 3-17**	4. 要求：体转时下肢不动体转充分
（5）腹背运动（4×8 拍）  **图 3-18**	5. 体前屈时两腿伸直下蹲时两脚并拢
（6）跳跃运动（4×8 拍）  **图 3-19**	6. 要求：击掌时，臂要尽量伸直，跳跃时动作要富有弹性

【教学效果】

（1）立德树人效果显著

篮球课课程思政改革实现了全程育人、全方位育人；全面挖掘了篮球课程中的思政元素，将习近平新时代中国特色社会主义思想、社会主义核心价值观、家国情怀、法制意识、社会责任、文化自信、人文情怀、工匠精神等思想政治元素有机融入了篮球教学之中；提升了学生思想政治水平和个人素养。通过课程思政改革丰富了以往内容体系，创新了教学方法、方式和手段，在提高学生现有思政水平的同时，让学生学会如何去挖掘课程思政元素和实践应用；有效服务于学校体育竞赛工作，支撑了学校篮球运动队训练人才培养方案的总目标和要求。2020 年 12 月，学校男子篮球队荣获第 23 届 CUBA 二级联赛预选赛男子阳光组一等奖，并代表福建省参加全国联赛。

图 3-20 篮球运动队参加福建省大学生比赛获奖示意图

图 3-21 篮球运动队获奖奖牌

（2）社会效益良好

　　课程改革成效良好，社会影响力不断扩大，相关做法得到媒体的关注和报道。比如，今日头条以《福建江夏学院"以体育人"这样做既有运动量又有技巧与乐趣》为题介绍了我校的一堂别开生面的篮球课，这样做有效扩大了本课程的传播影响力，同时也体现了改革成效。

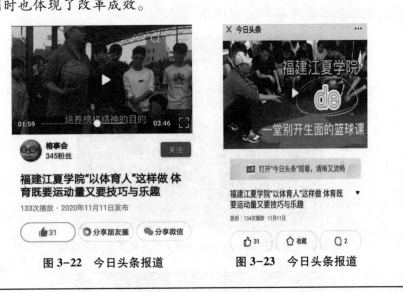

图 3-22　今日头条报道　　图 3-23　今日头条报道

参考文献

［1］李林，杨彬. 对我国学校体育发展历史的回顾与反思 [J]. 体育学刊，2002，19（4）：130-132.

［2］许婕. 中国学校体育角色历史审视与定位 [D]. 北京：北京体育大学，2013.

［3］习近平在庆祝改革开放40周年大会上的讲话.

［4］杨文轩. 论中国当代学校体育改革价值取向的转换：从增强体质到全面发展 [J]. 体育学刊，2016，23（6）：1-6.

［5］黄晓丽. 当代中国学校体育健康教育思潮研究 [D]. 长沙：湖南师范大学，2015.

［6］课程教材研究所. 20世纪中国中小学课程标准. 教学大纲汇编之课程（教学）计划卷 [C]. 北京：人民教育出版社，2001：259.

［7］王华倬. 论新中国中小学体育课程的演变过程及其发展趋势 [J]. 北京体育大学报，2004，27（9）：1229-1231.

［8］彭庆文．新时期中国大学体育角色定位研究［D］．北京：清华大学，2009.

［9］改革开放三十年来的我国学校体育工作成就.

［10］张玉超，康娜．改革开放后我国学校体育思想的发展回顾与展望研究［J］．南京体育学院学报（社会科学版），2015（4）：92-98，105.

［11］中共中央国务院关于深化教育改革，全面推进素质教育的决定.

［12］杨雅晰，刘昕．改革开放 40 年学校体育政策嬗变的回溯与展望［J］．北京体育大学学报，2019，42（5）：44-54.

［13］范叶飞，马卫平．我国学校体育课程的"钟摆现象"管窥——基于学科向度与生活向度的二维视角［J］．体育科学，2017，37（2）：2-15.

［14］周学荣，谭明义．新旧《全国普通高等学校体育课程指导纲要》的比较［J］．体育与科学，2003（1）：77-78，80.

［15］中共中央国务院关于加强青少年体育增强青少年体质的意见.

［16］习近平出席全国教育大会并发表重要讲话.

［17］季浏．我国《普通高中体育与健康课程标准（2017 年版）》解读［J］．体育科学，2018，38（2）：3-20.

［18］刘扶民，王立伟等．青少年体育蓝皮书：中国青少年体育发展报告（2017）［M］．北京：社会科学文献出版社，2018：269.

［19］郭建军，杨桦. 青少年体育蓝皮书：中国青少年体育发展报告（2015）［M］. 北京：社会科学文献出版社，2018：58.

［20］王子朴，闫晓，王晓虹. 中国学校体育时局分析［J］. 体育学刊，2017，24（3）：96-100.

［21］邵伟德. 论学校体育学科中几个重要概念及其关系［J］. 中国体育科技，2004（5）：63-66，73.

［22］夏成前，姚为俊. 论学校体育理论课程群的建构［J］. 沈阳体育学院学报，2007（4）：25-26.

［23］赵志荣. 学科门类视域下我国高校体育专业的困境与出路［J］. 体育学刊，2014，21（6）：92-95.

［24］教育部. 高等学校体育工作基本标准［Z］. 2014-06-11.

［25］国务院办公厅. 关于强化学校体育，促进学生身心健康全面发展的意见［Z］. 2016-04-21.

［26］杨辉. 高校体育的困境与出路［J］. 体育学刊，2014，21（4）：71-76.

［27］孙婧瑜，卢天凤. 基于TRIZ理论的高校体育健康理论课程体系改革与创新［J］. 中国多媒体与网络教学学报（上旬刊），2020（03）：120-121.

［28］申顺发，李会超. 高校体育健康管理体系的构建研究［J］. 当代体育科技，2019，9（12）：112-113.

［29］张程，陈红霞. "健康中国"视域下高校体育教学价值体系理论研究［J］. 产业与科技论坛，2019，18（05）：158-159.

[30] 仲鹏飞，陈咸，李惟英．健康中国背景下高校体育教育体系改革与创新研究 [C]．智能信息技术应用学会，2018：393-398．

[31] 李会超，申顺发，郭学英．高校体育健康管理体系的构建与运动干预研究——兼论《新编高校体育与健康教程》[J]．染整技术，2018，40（10）：110-111．

[32] 王朝闻．美学概论 [M]．北京：人民出版社，1981．

[33] 朱光潜．西方美学史 [M]．北京：人民文学出版社，1979．

[34] 胡小明．体育美学 [M]．北京：高等教育出版社，2009．

[35] 黑格尔．美学 [M]．北京：商务印书馆，1979-1981．

[36] 胡小明．论体育与艺术的关系 [J]．体育科学，2008，28（10）：3-8．

[37] 赵宪章．二十世纪外国美学文艺家名著精义 [M]．南京：江苏文艺出版社，1995．

[38] 蔡元培．蔡元培美学文选 [M]．北京：北京大学出版社，1983．

[39] 崔江．浅析当代体育美学审美内涵的文化哲学 [J]．体育文化导刊，2006（10）：49-50．

[40] 熊和平．如何提高大学生对体育美的鉴赏力 [J]．吉林体育学院学报，2004，20（3）：38-41

[41] 杨建民．体育教育中审美素质的培养——论由体育美学向体育审美能力和审美情趣的转化 [J]．内蒙古师范大学学报（教育科学版），2004，17（7）：108-109．

[42] 周登嵩. 学校体育学 [M]. 北京：人民体育出版社，2012.

[43] 刘晓纯. 从动物快感到人的美感 [M]. 山东：山东文艺出版社，1986.

[44] 陈望衡，当代美学原理 [M]. 北京：人民出版社，2003.

[45] 杨斌. 教育美学十讲 [M]. 上海：华东师范大学出版社，2015.

[46] 赵茜，方志军. 论作为美育的学校体育：内涵、诉求及价值表征 [J]. 北京体育大学学报，2015，38（9）：111-115，122.

[47] 朱长喜，谭淑萍. 体育与审美 [M]. 北京：人民体育出版社，1995.

[48] 王颖. 学校体育审美研究 [J]. 哈尔滨体育学院学报，2019，37（6）：76-80.

[49] 郁建亚，黄金鹏. 当代体育美学研究对象内涵的再思考 [J]. 天津体育学院学报，2002，17（3）：40-42.

[50] 李慧，李国泰. 体育文化背景下中西方女性身体审美观的差异 [J]. 吉林体育学院学报，2014，30（6）：25-27，32.

[51] 张秀芳，沙金. 论学校体育的教育价值 [J]. 山东体育科技，2013，35（2）：100-104.

[52] 牛东平. 体育的美感——基于本体美学的阐释 [J]. 体育科技文献通报，2017，25（2）：123-125.

[53] 王鹏举. 体育美学与社会主义精神文明的关系研究 [J]. 邯郸学院学报，2019，29（2）：115-118.

[54] 刘武. 学校体育教学中学生意志品质的培养 [J]. 教学与

管理, 2012（21）: 122-123.

[55] 柴娇, 何劲鹏, 姜立嘉. 从美学角度论体育教材特性 [J]. 北京体育大学学报, 2009, 32（7）: 78-80.

[56] 阎方正, 王方好. 通往"审美"的体育研究——论体育美学建构的三个维度 [J]. 湖北科技学院学报, 2019, 39（2）: 89-94.

[57] 金大陆. 体育美学: 人、运动、未来 [M]. 上海: 上海人民体育出版社, 2008.

[58] 杨斌. 教育美学的回归与重建 [J]. 美育学刊, 2012（4）: 17-13.

[59] 杨斌. 试论作为教育方针的美育 [J]. 苏州科技学院学报（社会科学版）, 2006, 23（2）: 130-133.

[60] 郑华, 张向东. 健全人格, 锤炼意志——体育舞蹈教学渗透学生心理健康与社会适应教育的研究 [J]. 体育科技, 2019（3）: 22-23, 25.

[61] 体育文化导刊编辑部. 党和国家: 高度重视体育文化发展 [J]. 体育文化导刊, 2015（8）: 1-6.

[62] 中共中央办公厅、国务院办公厅印发《关于全面加强和改进新时代学校体育工作的意见》.

[63] 习近平. 在中国共产党第十九次全国代表大会上的报告 [M]. 北京: 人民出版社, 2017.

[64] 李庚全主编. 弘扬体育精神　涵养体育道德——国家队为国争光的精神动力和道德建设研究 [M]. 北京: 群言出版社, 2015: 33

[65] 黄莉. 中华体育精神研究 [D]. 北京体育大学, 2006.

[66] 黄莉. 中华体育精神的文化内涵与思想来源 [J]. 中国体育科技, 2007 (5): 3-17.

[67] 池建. 历史交汇期的体育强国梦——基于党的十九大精神发展中国特色社会主义体育, 强国之路 [J]. 北京体育大学学报, 2018, 41 (1): 1-8.

[68] 林扬. 论体育在实现伟大复兴中国梦中的地位——基于习近平系列讲话的解读 [J]. 南京体育学院学报 (社会科学版), 2016, 30 (05): 25-29.

[69] 杜尚泽. 习近平亲切看望索契冬奥会中国体育代表团 [N]. 人民日报, 2014-02-08 (1).

[70] 曾文莉. 社交媒体在体育宣传中的运用与规制 [J]. 北京体育大学学报, 2015, 38 (6): 30-34.

[71] 李斌. 习近平主席在联合国"教育第一"全球倡议行动一周年纪念活动上发表视频贺词 [N]. 人民日报, 2013-09-27 (3)

[72] 钟秉枢. 新时代竞技体育发展与中国强 [J]. 上海体育学院学报, 2018, 42 (1): 12-19.

[73] 刘鹏. 女排精神闪耀时代光芒 [J]. 人民论坛, 2016, 28: 6-8.

[74] 习近平. 谈治国理政 [M]. 北京: 外文出版社, 2014.

[75] 习近平. 坚持中国特色社会主义教育发展道路培养德智体美劳全面发展的社会主义建设者和接班人 [N]. 人民日报, 2018-09-11.

［76］习近平．用新时代中国特色社会主义思想铸魂育人贯彻党的教育方针落实立德树人根本任务［N］．人民日报，2019-03-19．

［77］中共中央办公厅国务院办公厅关于全面加强和改进新时代学校体育工作的意见［N］．人民日报，2020-10-16．

［78］汤利军，蔡皓．基于"立德树人"的我国青少年体育品德评价指标体系构建研究［J］．武汉体育学院学报，2019，53（10）：75-80．

［79］孔晶．高校立德树人的价值取向内涵与实现机制［J］．湖北开放职业学院学报，2019，32（4）：90-91．

［80］李凌姝，季浏．基于"立德树人"思想的 TPSR 责任模式对体育教学的启示［J］．首都体育学院学报，2017，29（3）：217-220．

［81］李姗姗．论少数民族传统体育的教育价值及其实现［J］．贵州民族研究，2015，36（4）：227-230．

［82］谢燕歌，沙金．学习十八大精神，提高创新人才的培养水平——论学校体育的价值及实践策略［J］．体育学刊，2013，20（6）：1-6．

［83］武超，何育民．"立德树人"背景下体育社团的育人价值内涵、困境与策略研究［R］．课题成果，2020．

［84］邓宏林．新时代立德树人视域下提升医学院校人文科学育人功能的路径思考［J］．红河学院学报，2020，18（3）：34-36．

［85］刘留．"立德树人"背景下体育规则教育育人价值的实践路径［C］.第十一届全国体育科学大会论文摘要汇编，2019.

［86］陈虹，潘玉腾．立德树人视域下高校心理育人价值及其实现路径［J］.心理健康教育，2019，08：86-88.

后 记

　　党的十九届五中全会明确提出 2035 年要建成文化强国、教育强国、人才强国、体育强国、健康中国。为了提升国家软实力，未来 15 年各行各业需要只争朝夕，不断改革创新，建立新业绩，突破新高度。高校体育必须主动面向体育强国和健康中国的要求，进行系列改革。本书以福建江夏学院"面向健康中国 2030 的高校体育改革探索"的教学案例证明：通过构建身心融合的体育教学体系，有益于培养身体强健和人格健全的社会主义建设人才；通过体育与美学融合，从青年人需求和追求美好生活的角度出发，为大学生创建优质体育课、丰富的体育赛事、时尚的运动场所，可以扩大体育文化与审美传播，可以最大限度地吸引大学生积极加入体育运动的队伍，提升校园体育人口；通过体育与思政融合，加强立德树人和爱国主义教育，让大学生明白"少年强则国强"的道理，明白锻炼身体承载着国家强盛、民族振兴的梦想。

在今后的学校体育工作中，我们将在前期成果的基础上，进一步解决多学科融合教学时，学科间知识点和教学难点的有机互补问题，如：如何选择对应的体育项目对心理知识原理进行实践体验，以加深对原理的理解；如何选择合理的心理学知识，指导解决体育教学中出现的心理障碍，特别是在加强残障学生的体育课引导中，要深入思考心理干预问题，让每个大学生都意识到只要能够进入大学，无论身体有什么样的情况都享有运动权利。在体育与美学以及体育与思政的融合教育方面，为全体学生提供平等而优良的运动条件。我们会继续探索，做实做好体育融合式教学改革工作，并努力将教学成果向全社会广泛宣传和推广。

"体育是提高人民健康水平的重要途径，是满足人民群众对美好生活向往、促进人的全面发展的重要手段，是促进经济社会发展的重要动力，是展示国家文化软实力的重要平台。"福建江夏学院作为实践型本科高校，在培养全面健康的社会主义建设人才的教育道路上改革不止，探索前行。我们将继续在强化体育综合评价改革、促进德智体美劳全面发展等方面，引导学生养成良好锻炼习惯和健康生活方式，锤炼坚强意志，培养合作精神。我们将永远牢记习近平总书记对普通高校的寄语"不求最大，但求最优，但求适应社会需要"，为健康中国做出最大的贡献。